AF340643

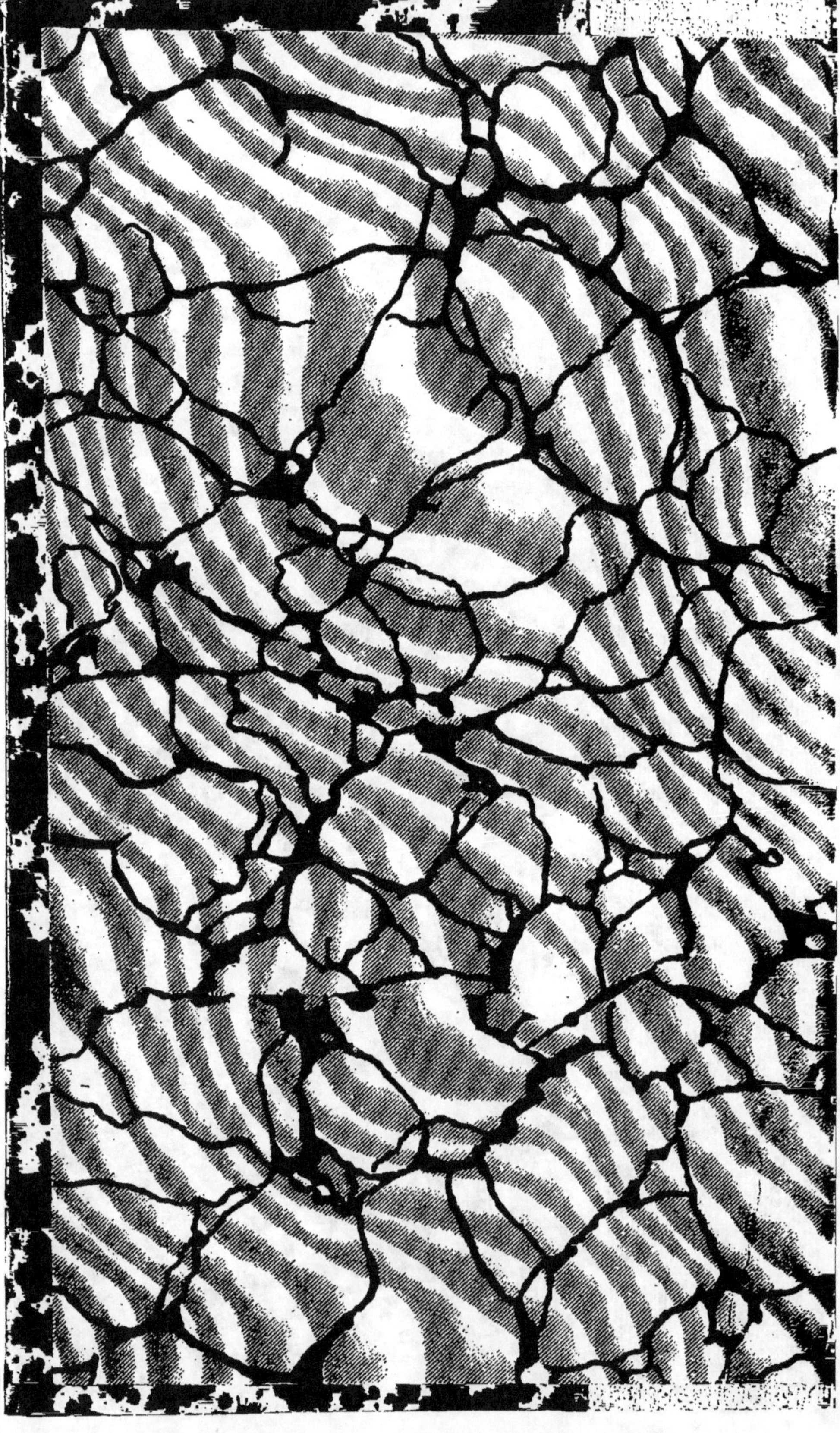

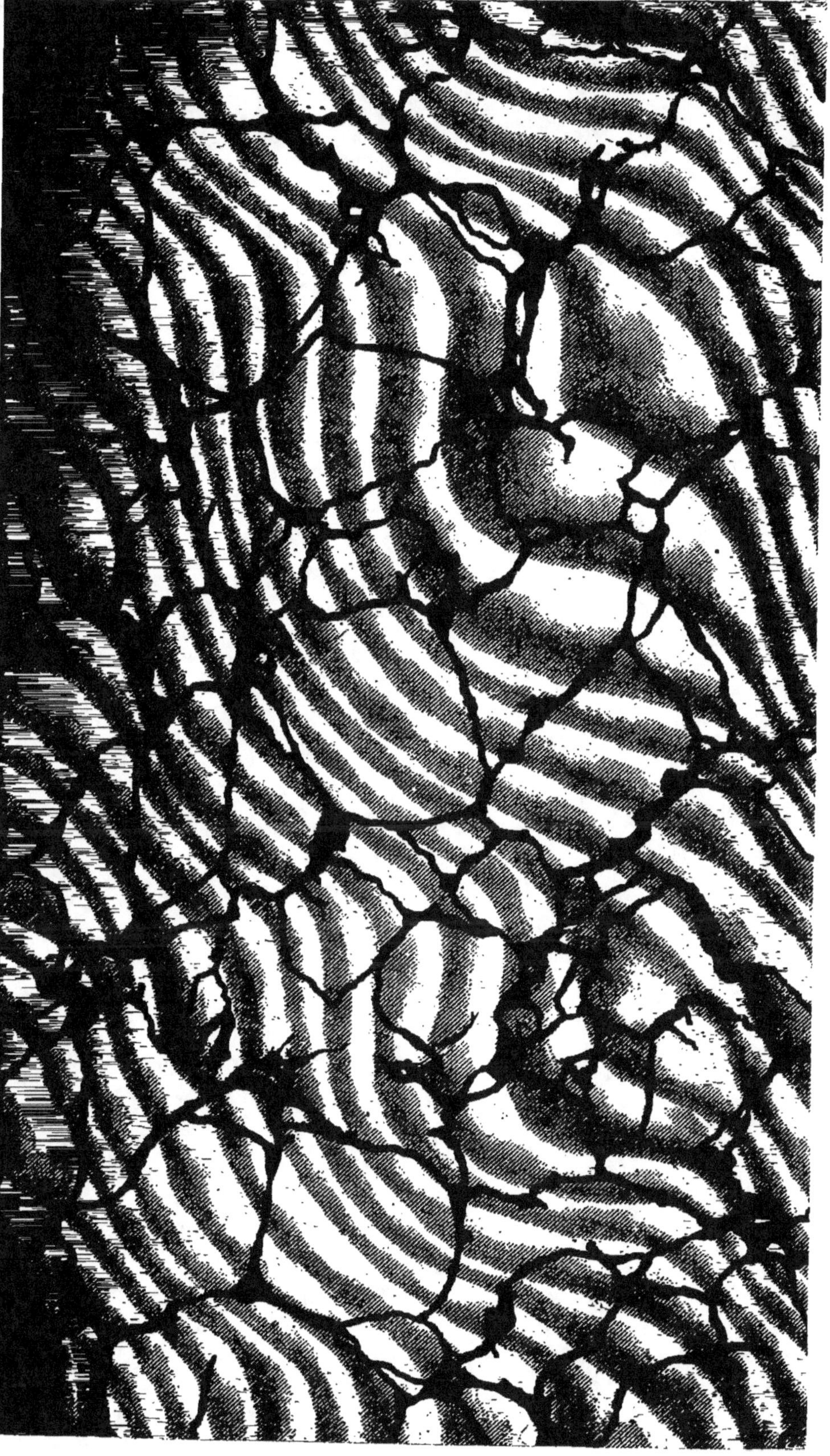

III

Matelots aériens

Printemps 1916-Automne 1917

par

RENÉ MILAN

PARIS

LIBRAIRIE PLON

PLON-NOURRIT ET C¹ᵉ, IMPRIMEURS-ÉDITEURS

8, RUE GARANCIÈRE — 6ᵉ

—

1919

LES VAGABONDS DE LA GLOIRE

III

MATELOTS AÉRIENS

Ce volume a été déposé au ministère de l'intérieur en 1919.

DU MÊME AUTEUR

Les Nostalgiques...................... 1 vol. in-16.

La Mère et la Maîtresse............... —

La Race immortelle. .... —

Les Vagabonds de la gloire. ★ Campagne
d'un croiseur (août 1914-mai 1915)...... —

Les Vagabonds de la gloire. ★★ Trois Étapes. —

PARIS. TYP. PLON-NOURRIT ET Cⁱᵉ, 8, RUE GARANCIÈRE. — 23330.

III

MATELOTS AÉRIENS

(Printemps 1916 – Automne 1917)

PAR

RENÉ MILAN

PARIS

LIBRAIRIE PLON

PLON-NOURRIT ET Cie, IMPRIMEURS-ÉDITEURS

8, RUE GARANCIÈRE — 6e

—

Tous droits réservés

MATELOTS AÉRIENS

CORFOU. — L'ARMÉE SERBE

Corfou. Mai-juillet 1916.

La province maritime que je survole possède ses lettres d'immortalité. La bataille navale d'Actium s'y livra. Le sort de la République romaine, c'est-à-dire celui du monde antique, c'est-à-dire le destin de l'humanité, y chavirèrent par un beau soir semblable au soir présent, trente et une années avant la naissance du Christ.

Cette après-midi-là, Cléopâtre, belle et déconcertante pharaonne, ordonna de hisser pour la fuite les voiles somptueuses de sa galère; par ce geste, elle entraîna vers l'Égypte et la honte le proconsul Antoine. Avant la tombée de la nuit, le pusillanime et chétif Octave était devenu, sans qu'il s'en doutât encore, le conducteur de l'histoire future, et le triomphe d'Actium avait ébauché la statue du premier empereur romain, Auguste.

Mais les catastrophes navales ne laissent aucun vestige. Plus rapide oublieuse que le temps, la mer n'abandonne point aux siècles la fatigue de niveler les décombres de ses batailles. Au crépuscule d'Actium, après la séparation des deux escadres, plus rien ne demeurait sur l'onde que quelques épaves de bois emportées déjà par le courant, et maints cadavres, effrités en peu de jours sur les galets des plages, où ils reçurent la sépulture anonyme des détritus d'algues ou de poissons.

Voilà pourquoi les fastes de la mer ne hantent point la mémoire des hommes. L'historien, même scrupuleux, ne sait rien reconstruire sur cet élément où s'engloutissent tous souvenirs et toutes ruines. Aucun ne peut recréer, plume en main, ni même sur place, les humeurs, l'atmosphère, les vents et les vagues que l'onde fantasque choisit pour quelques heures de bataille, et effaça presque aussitôt.

Et comme l'intérêt des générations n'est guère entretenu que par les tableaux de l'écrivain, il en résulte que dans notre curiosité, plus niveleuse encore que la mer, s'évanouit rapidement le grand œuvre des marines. Qui donc le célébrerait? Lorsque la fraîcheur, la précision des souvenirs permettraient aux acteurs de le faire revivre avec exactitude, ils doivent se taire... Quand, plus tard, l'érudit s'efforcera de rétablir le vrai, nul ne lui apportera de témoignage authentique : la gent maritime est vagabonde par essence, et silencieuse; les navires envoient leurs annales officielles dans les catacombes des archives, et l'onde sans topographie ne restitue jamais son secret.

Qu'il s'agisse de galères ou de trirèmes, de vaisseaux ou de galions, de cuirassés ou de sous-marins, l'histoire universelle est parsemée de lacunes. Combien d'événements seraient intelligibles, et leurs trames évidentes, si l'historien pouvait les éclaircir à la lumière des circonstances maritimes.

Aujourd'hui, quelques personnes parviennent à comprendre que nos grands problèmes de guerre ne seront point seulement résolus aux tranchées, ou à l'usine, ou dans les conférences diplomatiques, mais encore sur le champ de bataille des océans. Dans leur persuasion neuve, ces bons esprits semblent s'imaginer que la tourmente actuelle engendre pour la première fois des répercussions maritimes sur le destin des hommes. Erreur d'ignorance! Mirage d'une instruction préparée par des historiens terrestres!

Pourquoi donc la défaite de Tsoushima préluda-t-elle à l'aveu des Russes qu'ils étaient battus par les Japonais? Pourquoi Napoléon, après Trafalgar, renonça-t-il à frapper chez elle la nation qui ne devait point mettre bas les armes avant qu'il ne fût vaincu? Pourquoi Louis XIV, soleil de l'Europe, comprit-il après La Hougue qu'il ne serait jamais le soleil de l'univers, dont la flotte britannique lui interdisait l'accès? Pourquoi, après la bataille navale de Lépante, les Turcs arrêtèrent-ils leur invasion européenne, et commencèrent-ils ce recul dont les derniers faux pas, préliminaires de la chute prochaine, se sont accrochés à la vassalité germanique?

Pourquoi, sans parler de tant d'autres aventures navales où l'avenir des peuples s'est joué sur l'eau, la bataille d'Actium a-t-elle effacé la république romaine, créé l'empire romain, préparé cinq cents ans d'histoire révolue, et deux mille années d'événements dont nous vivons le stade le plus terrible? Pourquoi? Sinon parce que l'Océan, maître des trois quarts de notre globe, exerce bon gré mal gré, sur nous qui n'en voulons point convenir, l'influence que toute force réelle, indestructible, possède sur le sort des politiques transitoires.

Et pourtant, j'en suis bien sûr, voici bientôt deux mille ans, les citoyens de Rome et les cultivateurs d'Égypte, les paysans d'Espagne et les lettrés de Grèce, dont cependant les biens et les personnes allaient changer de maître et de statut grâce à la décision maritime d'Actium, tous ces spectateurs du monde antique suspendus aux sanglantes querelles d'Octave et d'Antoine, devaient se demander ce que se demandent aujourd'hui les citoyens de Rome et les cultivateurs d'Australie, les paysans de Russie et les lettrés de France : « Que fait-elle donc dans notre guerre, la marine? »

*
* *

Ce train de pensées n'est point extraordinaire, tandis que l'hydravion rapide
m'emporte, par un crépuscule aussi beau
sans doute que celui d'Actium, au-dessus
de cette province maritime dont Corfou,
Ithaque et Céphalonie sont les immor-
telles capitales. L'espace est pur. Le
soleil, s'inclinant vers l'Italie dont j'aperçois, de si haut, les contours sablonneux
et le prolongement silicien, dilate l'immensité du firmament et l'ennoblit de
couleurs suprêmes qui dans une heure ne
seront plus. Posés aux confins du regard
comme des boucliers fauves et sertis
d'écume, les îles, leurs récifs, semblent
ne point glisser.

Néanmoins, lorsque, après quelques
minutes d'attention où j'ai tâché de percer
l'onde lointaine au-dessous de moi, en
quête du sous-marin qui peut-être y rôde,
mes yeux éblouis se reposent par instants

sur ces statues maritimes aux agréables contours, quelques-unes déjà se sont tapies au delà de l'horizon ; d'autres hésitent, très loin devant nous, à faire voir leur tête dorée ; celles au-dessus desquelles je passe, allongées sur l'eau verte comme des grappes de raisin mûr sur une feuille de figuier, montrent successivement les diaprures riches et sombres des grains que l'on meut sous la lumière.

Il n'y a pas de nuage dans l'empyrée, pas plus que sur la mer glauque : — car pour l'aviateur naval, l'onde, ciel renversé, offre un visage aussi divers que celui du ciel. Les îles, astres terrestres, s'entourent de nuées liquides, d'abîmes verdâtres, tout comme là-haut les étoiles se font cortège de cumuli blancs et de vides obscurs. L'hydravion se meut entre deux instabilités, dont la supérieure obéit aux caprices du vent, et l'inférieure se transforme au gré des vagues et des impulsions du gouvernail.

Selon la fable ancienne, le monstre

Antée retrouvait de la force, dans les combats, à chaque foulée de ses talons sur la terre sa mère, et le demi-dieu Hercule ne put le vaincre qu'en le soulevant dans ses bras, qui l'étouffèrent sans lui permettre de reprendre contact. Ce mythe est profond ; il représente la faiblesse des hommes éloignés de la terre inébranlable ; mais sa signification est devenue complète depuis que l'homme, muni d'ailes, s'aventure au-dessus des flots. Là, quand il a perdu de vue les rivages solides, les repères immobiles, les villages et les routes qui tiennent compagnie à l'aviateur terrestre et le guident, il est égaré entre deux néants où rien, sauf son intelligence et son audace, ne lui rendra la route et le retour, s'il a le malheur de s'en départir.

Ce soir, tout est clair et sans danger. D'île en île, l'hydravion saute sur les degrés aériens. Nulle brise ne le dévie. L'air est si brûlant que sans casque, sans lunettes ni vêtement fourré, l'on éprouve à peine un soupçon de fraîcheur au grand vent de l'aéroplane. Rien ne remue dans le ciel que l'opulente luminosité des faisceaux du soleil, si souverainement beaux qu'ils présagent sans doute un furieux orage, plaisir de la nature et désespoir des hommes. Rien ne remue sur l'eau calme, sinon les reflets rebondissants de ces faisceaux, rouges, verts et jaunes, qui se jouent et s'entrelacent en mailles invisibles jusqu'à mourir tous ensemble contre le mur violet des monts d'Épire.

Mais voici, venant du nord, quatre brindilles environnées de fumée, qui rampent entre la terre ferme et la pointe méridionale de Corfou. C'est pour elles que ce soir je fais la ronde à cent cinquante kilomètres de cette île. C'est pour elles, pour leurs semblables d'hier et de demain, que la France a créé sur les confins de notre guerre un centre d'aviation maritime qui surveille la mer Ionienne, l'Adriatique et le canal d'Otrante. A mesure qu'elles grossissent devant notre approche, nous voyons se piquer sur l'eau leurs mâts sveltes, et puis s'allonger leurs carènes, et enfin se poser leur quadruple et lente masse.

Ces quatre navires portent des Serbes. Voici quelques heures, ils les ont pris aux quais hospitaliers de Corfou, et les conduisent de l'autre côté du promontoire grec, à Salonique, où, coude à coude avec les soldats anglais et français, ils vont bondir à l'assaut du château fort serbe, de la patrie que les Germains ont ensanglantée et souillée. Ce soir, ils sont peut-être cinq mille, qui, en quatre bateaux, passent au-dessous de moi, armes et bagages, munitions et espoir ; mais Corfou en a reçu cent mille, cent cinquante mille ; je ne le sais guère : l'on ne dénombre pas la fleur d'une nation.

Les secrets d'État et le succès de l'entreprise ne permettent point, à la date où j'écris, que les journaux mentionnent cette surprenante tentative : transporter les cohortes serbes depuis les eaux adriatiques jusqu'à la Macédoine, depuis les parages fourmillant de sous-marins autrichiens jusqu'au golfe de Salonique, où croisent les sous-marins allemands de Constantinople et des Dardanelles ; et ce, pendant plusieurs journées de navigation en vue des îles, des golfes grecs, où Berlin a détaché les Argus de son espionnage aux cent yeux.

A Corfou même, que les Alliés, n'en déplaise aux propagandes germaniques, n'ont occupée que pour la convalescence de l'armée serbe, et non dans un dessein de conquête, à Corfou même, île-hôpital et Croix-Rouge de tant de héros, ne manquent point les informateurs germaniques ; en échange d'une pièce d'or, ils renseignent quotidiennement le kaiser sur le départ des vaisseaux chargés de troupes, et n'auraient pas, en apprenant demain à une terrasse de café que la torpille conduite par eux a précipité aux abîmes des centaines de leurs frères, un seul sursaut de ces remords que l'Allemagne a su éteindre dans toutes les âmes à vendre.

Oh! la rage des Allemands à tourmenter cet exode serbe. Voulant respirer libre, la Serbie s'est dressée en face d'eux. Ils croyaient bien l'étrangler silencieusement dans les oubliettes de leur diplomatie, mais la conscience universelle s'est soulevée. De ce crime, que les Allemands comptaient simplement inscrire au tableau de leurs battues aux peuples libres, les Alliés ont décidé qu'il serait le dernier, que dans l'avenir le garrot prussien serait distendu. C'est fini. Les Allemands le savent. L'abominable nœud gordien, dont chaque geste du kaiser et de son chancelier resserrait l'étreinte autour de l'univers, va s'effriter en tronçons inertes sous les coups de notre épée multiple.

Avant que la Serbie ne reprenne dans le Panthéon des grandes patries la place que dans celui des grands hommes occupent Thémistocle, Vercingétorix ou

Washington, les Allemands ont voulu lui couper la gorge, s'imaginant que désormais elle ne pourrait plus devant l'histoire se désigner elle-même par son propre nom. Tels les apaches dévalisant, incendiant une ferme isolée dans la campagne, ils se sont rués sur ce petit peuple de héros gigantesques. Mais ils n'ont pu prendre que ce qui ne pouvait pas fuir : les enfants, les femmes et les foyers. Leurs bottes massives se sont ankylosées derrière les jarrets musculeux, la prompte agilité des deux cent mille Serbes qui ne consentaient à l'exil que pour revenir à la charge.

Insaisissable essaim, les Serbes s'éparpillèrent au delà des ondes, tandis que le gantelet germain claquait en se refermant sur le vide. Après quelques semaines, la maternelle, la douce France les rassemblait tous à Corfou. Les blessures de leurs membres, l'inanition de leurs corps, la fatigue de leur âme étaient déjà guéries. Corfou les a reçus comme un grand camp d'instruction reçoit une classe de conscrits.

Mais ce sont des conscrits formidables.

Il ne leur manquait guère qu'un fusil, des souliers, une capote. La France les leur a donnés. Elle n'a pas eu besoin de les instruire. Leurs yeux sont bons au tir et leurs talons aux étapes; ils tiennent au cœur la colère sacrée qui cuirasse les poitrines, et tout le sang serbe qu'ils ont vu verser pendant leur fuite, ils vont l'ensevelir bientôt sous les plis de leur étendard.

Quelle victoire allemande, quels communiqués hilarants si un seul bateau chargé de ces rebelles, que dis-je? si un seul de ces rebelles trouvait la mort sur le chemin de Salonique! J'ignore les récompenses promises au sous-marin dont la torpille accomplira cette belle œuvre. Je soupçonne seulement les trames ourdies autour de Corfou, les fils tendus sur la Méditerranée orientale, afin qu'un beau jour puisse être claironnée la destruction d'un transport.

Mais la France fait bonne garde. Entre

deux eaux, mines et torpilles allemandes à l'affût parsèment en vain les îles Ioniennes, les détroits grecs et les passes de la mer Égée. Rien ne coule. Les convois partent, naviguent, arrivent. Personne n'en sait rien, sinon nos ennemis, à qui leurs informateurs impuissants donnent la nouvelle quotidienne que Corfou se vide et Salonique se remplit. Et c'est nous qui, un beau jour, écrirons ce simple communiqué :

L'armée serbe, réunie en Macédoine, s'établit sur le front d'Orient. Elle n'a pas perdu un soldat entre Corfou et Salonique.

D'autres soucis, alors, tourmenteront l'âme française. A la lecture de ces lignes pleines de gloire, nul peut-être, sauf les acteurs de cette réussite incomparable, n'éprouvera le sain frisson des grandes œuvres menées à bien. Nul ne saura l'immensité des précautions, des peines, des veilles que, du ministre de la Marine française jusqu'aux plus humbles matelots, auront représentée cette économie de vies précieuses, ce triomphe sur la poursuite allemande... Qu'importe après tout? Militaire ou marchande, la marine aura été l'un des plus solides piliers de notre victoire, et chacun de ses enfants lui décerne les louanges qu'oublient de lui attribuer ceux qui ne la connaissent point.

*
* *

Les quatre transports sont déjà loin, et s'aventurent en haute mer du côté de Céphalonie. Infatigables, les deux contre-torpilleurs qui les convoient font des lacets et des ronds, cicatrices blanches sur l'eau pourpre, devant le chemin des navires. Nous venons de reconnaître que la voie est libre. Point de sous-marins, point de mines. L'eau est si transparente qu'aucun rôdeur n'eût échappé à notre vue.

Tout là-bas, vers l'ouest, j'aperçois, à grande altitude aussi, l'autre hydravion, camarade de notre ronde. Pendant que

2

nous patrouillions la gauche de la route des transports, il patrouillait la droite, et revient également vers le bercail. Il n'est pas plus gros qu'un moustique, et, comme nos marches sont parallèles, ne semble posséder aucune vitesse.

Pendant de longues minutes, son petit trait noir, aux jolies courbes, se profile sur le disque rougissant du soleil, et l'on dirait que mon œil, placé au bout d'un immense télescope de lumière écarlate, distingue à l'autre extrémité un moucheron suspendu par quelque invisible fil.

Mais cet avion, manœuvrant pour s'engager sur la baie de Corfou, quitte le soleil et se rapproche de nous. Bientôt, ensemble, nous subissons les remous d'air que se renvoient l'île et les côtes d'Épire. Aucune barque, aucun bateau n'apparaissent au-dessous de nous dans le soir qui tombe. La vigilance des marins français défend qu'on s'approche ou s'éloigne de Corfou en dehors des heures de soleil, et la mer ne doit pas être troublée dans son sommeil.

Nous voici de conserve, luttant de vitesse, en plein dans le chenal. Toutes choses nous apparaissent nettes et crues. Une universelle couleur de cuir fauve s'est épandue sur les terres et la mer. Les plages sablonneuses et les gais vallons de Corfou, les mornes estuaires et la montagne d'Épire sont dessinés comme un beau jardin de crépuscule; nous en voyons tous les contours, de même que dans un parc le promeneur aperçoit les allées, les buissons et les parterres que l'œil de la fourmi ne contient pas. Tout à l'heure, nous serons devenus ces fourmis, quand, après l'amerrissage, nous cheminerons vers les demeures humaines au-dessous des branches d'oliviers. Pour contempler quelque chose d'infini, nous devrons lever la tête vers le ciel paré d'étoiles. Mais pendant quelques instants encore, il nous suffit de tourner les yeux, de les baisser, pour vivre les plus divins moments réservés à l'homme.

Attiré par la mer, le soleil s'y laisse choir. Avant de s'ensevelir, il se prépare une litière d'or et de feu, au milieu de laquelle son image, plus pâle, vient à sa rencontre. L'astre n'est séparé du bord fulgurant des ondes que par un intervalle égal au double de son propre disque, et il semble qu'il tombe très vite, afin d'être caché quand nous toucherons l'eau. Mais notre célérité, nos calculs, ne nous feront point amerrir dans l'ombre.

En quelques minutes, nous franchissons les deux lignes de patrouilleurs maritimes, les petits chalutiers infatigables qui, de Corfou en Épire, d'Épire à Corfou, font les grand'gardes contre le sous-marin ; ils ont l'air paresseux, et ne parcourent point en une heure l'espace que l'hydravion dévore en dix minutes ; mais ici, comme dans la Méditerranée et l'Atlantique, et partout, patients ouvriers du salut maritime, ils ne connaissent ni jour, ni nuit, ni repos... Et puis les deux barrages de filets, soutenus par des tonnes de bois et des globes de verre, qui forment au sud de Corfou les barreaux où s'arrête l'étrave des sous-marins... Et puis, après quelques minutes de vol sur le vide de l'eau, passent la rade et la ville de Corfou.

*
* *

Lorsque mes yeux seront clos par la mort, alors aussi mourront d'incomparables souvenirs. Comment expliquer ces minutes où l'on voudrait retenir la foudroyante vitesse de l'avion, afin de regarder, regarder? Pourtant ces minutes acquièrent par la vitesse seule leur insoutenable beauté. Elles courent, elles ne sont plus. La prochaine est différente, et rien ne pourra jamais recréer les semblables.

Quand je reviens au sol et ferme les paupières, je revois et revis des vols en France, des randonnées de Salonique, des patrouilles d'hier. Tout est là, buriné, définitif, et le vieillissement n'en atténuera rien. Pendant les jours actuels, Corfou et l'espace avoisinant créent des matins, des midis et des soirs où l'on comprend bien que l'homme n'a pas encore reçu les sens égaux à sa nouvelle rapidité. Quoi que l'on fasse, il est impossible de tout embrasser. Au moment d'écrire, le langage se heurte à une manière d'impuissance, comme l'illettré trébuche sur les mots et s'irrite de ne pouvoir traduire ses émotions.

Nous voici devenus les rivaux de ce Jupiter grec, de ces dieux fins connaisseurs qui, à la monotonie nocturne de leur Olympe, préféraient l'aventure amoureuse avec quelque nymphe terrestre. Ils durent faire à Corfou de bien nombreuses fugues. Homère, leur ambassadeur auprès des hommes, s'en porte garant, puisque son *Odyssée* décerne à l'île sept chants immortels, ceux de Nausicaa, d'Ulysse et d'Alcinoüs.

Oui certes, lorsque, du haut de leur paradis tempétueux, ils hésitaient au soir entre les Cyclades pelées et les Ioniennes touffues, lorsqu'ils discutaient loin des déesses leur prochaine escale sentimentale,

je ne doute point que ces dieux artistes,
persuadés par les grâces crépusculaires de
Corfou, n'y désirassent savourer des voluptés moins périssables que les jeux de la
lumière et le parfum des lauriers-roses.
Leur choix réfléchi les y dirigea souvent,
et leur descente planée était plus rapide
que celle de notre hydravion, car ils ne
couraient point risque de se tuer en touchant le sol.

Ce qu'ils admiraient dans leur vol, si
tant est qu'ils en prissent le soin, je le
goûte maintenant tout comme eux. Là-
bas, vers l'Ouest, ils apercevaient l'échine
de Corfou, dure et montueuse, et toujours
cerclée d'argent par les écumes du large;
ils survolaient l'altière cime du Pantecratôr, belle table rocheuse et horizontale,
tête de l'île qui semble se dresser au-dessus des ondes afin de surveiller l'enfoncement de l'Adriatique; sans doute ils atter-
rissaient dans quelqu'un de ces havres
charmants qui font face à la Grèce, et se
suivent en lagunes, en sable fin ou en

galets bien ronds, pour l'agrément des barques légères et des baigneurs.

Entre ces limites maritimes, leurs regards s'attardaient sur le revêtement sombre des oliviers et des chênes, bijoux végétaux où la lumière aime s'enfoncer, sur les lits des torrents aux poches d'eau métalliques, sur les plaines que le vert tendre des maïs, le vert fluide des blés montants, le vert riche des vignes printanières recouvraient d'un tapis monochrome et pourtant multiple; les taches de maisons blanches et de troupeaux roux aviaient chaque nuance. Entouré par le cadre infini de la mer, ce tableau ne déparait point le musée des splendeurs maritimes de l'Hellade.

Mais les dieux ne pouvaient point contempler cette ville inexistante encore, où chaque génération de possesseurs a construit quelque architecture aux arêtes vives. Je sais bien que, du niveau misérable des rues, ces donjons, ces châteaux forts et ces grands murs ne font pas toujours admirer le goût des bâtisseurs. Mais aujourd'hui je parle en spectateur aérien.

La ville de Corfou est agréable, posée altièrement sur le bord d'une baie heureuse, adossée à la verdure accidentée de sa campagne. Successivement possédée par les Byzantins, les Turcs, les Vénitiens, les Anglais, les Hellènes, elle a, tout à la fois, subi par les conquêtes la rançon de son charme, et acquis de chacune un nouvel ornement.

Les circonstances actuelles lui prêtent un rare attrait, surgi de sa rade aux innombrables navires. Naguère, ce port de passage n'abritait, quelques heures par mois, qu'un petit caboteur des rives grecques, ou bien l'un des grands paquebots d'excursionnistes venus d'Italie ou d'Autriche. Cette rade heureuse était morte, parce qu'elle ne constituait point l'aboutissement, mais l'escale d'un trafic peu chargé.

Depuis quelques mois, et pour quelques semaines encore, la rade de Corfou représente au contraire l'un des centres nerveux de notre globe. De tous les ports du monde allié, les bateaux remplis de richesses militaires viennent y jeter l'ancre; d'autres repartent, chargés de troupes serbes équipées à neuf. Le district de mer compris entre la ville et le rocher de Vido est couvert de navires imposants : croiseurs et transports, cargo-boats et hôpitaux, qui débarquent leur matériel de guerre et chargent leur trésor humain, tellement empressés à poursuivre leur besogne, qu'ils n'éteignent même pas, entre l'arrivée et le départ, les feux de leurs chaudières.

De ces nombreuses cheminées, en partance pour demain ou au repos depuis quelques heures, s'élève une colonnade de fumées qui se réunissent, forment un champignon aérien, et s'en vont où la brise les pousse. A toutes ces tiges fuligineuses, viennent s'adjoindre les minces filets grisâtres qui montent des demeures de la ville. Celles-là, suffocantes, sentent

la houille goudronneuse; ceux-ci, le bois
d'olivier, odorant et onctueux.

Avant d'amerrir, nos hydravions passent au travers de ce double nuage, qui
représente aériennement le mélange actuel
des œuvres de guerre et de paix. Parallèles, Corfou neutre et les navires alliés
exhalent vers leur ciel leurs haleines noires.
Chaque fois que nous partons ou rentrons,
nos narines aspirent ces effluves âcres,
nos épidermes reçoivent la tiédeur des
fumées ascendantes, nos prunelles contemplent le groupement de la rade peu-
plée et de la vallée architecturale, entre-
vues au travers de ce trouble écran.

De même que le soleil se rapproche de
la mer, ainsi les deux hydravions se dirigent vers leur bercail maritime. Entre la
ville de Corfou et les assises du Pantecratôr, la côte se creuse en un havre
ouvert par un étroit goulet. Une langue de

terre au sud, une falaise au nord, forment les deux môles naturels de cette poche à laquelle, dans le temps jadis, les Vénitiens donnèrent le nom de Govino. Les vents n'y parviennent guère, la houle n'y rentre pas, et l'on dirait une véranda maritime installée par la rade à l'intérieur des terres.

A mesure que nous approchons, la palette liquide de Govino se dessine mieux, se précise au milieu de ses berges plantées d'oliviers. Parmi la verdure ondoyante des arbres, paraissent de plus en plus géométriques et crues, les bâtisses vertes de nos hangars. Sur un effleurement de terre au centre du havre, fut construit aux siècles passés un petit ermitage; à grande distance aérienne, l'on dirait un îlot minuscule; chaque tour d'hélice fait apparaître le mince pédoncule de sable qui l'unit à la côte, jusqu'au moment où se montre à la vue le sentier suivi par les prêtres et les pèlerins de ce Mont-Saint-Michel en miniature... Bientôt, sur notre petit wharf, mes yeux distinguent les groupes de marins, fourmis grossissantes, qui nous attendent afin de nous hisser au sec, puis à l'abri, après l'amerrissage.

Le soldat terminant l'étape, le marin en fin de croisière, l'aviateur achevant sa randonnée, examinent toujours avec complaisance la halte géographique où va se reposer leur fatigue. Mille réflexions surviennent, toutes agréables, et assorties à la culture des cerveaux. Je ne sais guère ce que pense mon compagnon de route d'aujourd'hui, brave quartier-maître pilote, né dans le poisson de Bretagne, rompu à sa pêche et nourri par elle. A la suite de quelles évolutions mentales cet excellent garçon, destiné par atavisme à tirer le câble d'un filet ou le chanvre d'une ligne, est-il monté pendant la guerre jusqu'à la dramatique épopée de l'aviation? Ce sont là profonds mystères, comme tous ceux qu'a suscités la présente convulsion des valeurs.

Il n'est point probable que cet esprit franc, mais inculte, soupçonne la signification surprenante de la baie de Govino où nous allons amerrir. Telle que nous l'apercevons du haut des airs, plusieurs siècles d'histoire, et l'histoire multiple de cette guerre, y sont réunis en un clin d'œil. Tout près des hangars où vont se réfugier les aéroplanes français, finissent de choir les ruines d'une douane et d'un arsenal vénitiens. Les piliers demeurent encore debout ; mais les voûtes et les arceaux se sont écroulés sous les atteintes du temps et des hommes ; le lierre et la ronce se sont emparés des salles, désormais ouvertes, où s'accumulaient les trésors du Lion de Saint-Marc.

Au rivage, s'amorçaient deux ou trois môles de fortes pierres, où s'amarraient les galères arrivant de la lagune ou survenues des Échelles d'Asie. Les blocs de ces môles se sont effondrés ; dans l'eau transparente, on les aperçoit comme les ruines d'une ville d'Ys ionienne, et nous devons

prendre garde de n'y point heurter la carlingue des hydravions tirés à la rive, de
crainte d'éventrer les lames de bois tendre
sur l'arête des pierres rugueuses.

Quelques wharfs en planches, pourvus
de rails, ont depuis notre venue remplacé
les môles de jadis. Le long de ces wharfs
accostent les chalands et mahonnes remplis de munitions, de matériel, de vivres
destinés aux campements serbes; sur eux
s'alignent avant le départ les compagnies
et bataillons serbes, en rang devant les
officiers qui inspectent paquetages et
fourniments; d'eux partent les régiments
serbes, ressuscités et joyeux, qui s'en-
gouffrent ensuite dans les transports fu-
mant sur rade, les grands transports de
Salonique et de la revanche.

Venise, la Serbie, l'aviation française :
trois grandes choses en quelques mètres
carrés! Quelle rencontre! Plus surprenante encore, puisque l'aviation française,
choisissant le port que Venise avait jugé

favorable, n'a pu se constituer et se dresser tout d'une pièce que grâce aux bras et aux bonnes volontés serbes.

Comme en tous autres lieux, mais ici plus qu'ailleurs, la nature ne s'est point souciée d'aplanir, d'aménager les terrains propices aux aéroplanes, non prévus dans la formation des mondes. Encore que Govino fût l'emplacement le plus convenable parmi les vallons et les rochers de Corfou, ce lieu ne laissait pas d'être fort tourmenté de niveau et encombré de plusieurs centaines d'arbres vivaces. Avant de songer à y construire nos hangars, il fallut niveler le sol et le déboiser. Aux mains-d'œuvre corfiote ou française, nous ne pouvions point prétendre : celle-là, fort abondante, eût été par trop coûteuse ; celle-ci, rare, avait bien assez à faire aux travaux urgents de notre occupation.

Mais, autour de Govino, par dizaines de mille, les Serbes étaient éparpillés en bivouacs, en hôpitaux et camps de formation. La parfaite obligeance de leurs chefs nous en prêta une compagnie : bras, pelles et pioches. En quelques jours, elle eut tôt fait de préluder par ce travail de terrassement à la besogne moins ingrate des tranchées de Macédoine.

Il faisait beau voir ces visages solides, agrestes, s'incliner vers la terre séchée par un soleil impitoyable, sans qu'une goutte de sueur perlât le long de leurs tempes brunes. Leurs bras durs, à peine guéris de l'émaciation de la retraite, enfonçaient la pioche étincelante qui tranchait sans effort le sol résistant. Chaque soir, la vigoureuse équipe serbe avait abaissé d'un degré le plan de pose des hangars. Nous tous Français du centre d'aviation, occupés au montage progressif des bâtiments, n'eussions eu qu'à louer ce labeur extraordinaire, si par instants, saisies d'une incompréhensible paresse, cinq ou dix escouades de travailleurs ne s'asseyaient en rond sous l'ombre des arbres, et posaient là pelles et pioches. Nos objurgations n'y faisaient rien. Les Serbes ne nous comprenaient pas, nous les comprenions encore moins. Prières ou menaces, ils ne bougeaient point, et contemplaient les arbres d'un air songeur.

En désespoir de cause, il fallut bien informer leur capitaine, qui parlait français et vint à notre requête semoncer les récalcitrants. Ceux-ci répondirent à voix dolente, et le capitaine serbe nous expliqua qu'ils n'avaient point le cœur d'abattre tant d'arbres en pleine force.

Merveilleux instinct de cette race campagnarde! Loin de leur champ, sur un sol d'exil où ils sont venus avec colère, dont ils ne souhaitaient que l'abandon, les Serbes cependant considèrent à meurtre de trancher l'arbre porteur de fruits, richesse et ornement de la glèbe. Plutôt que de faire saigner la noble sève végétale, la hache tombe de leurs poings, et il faut les contraindre, les tourmenter, avant qu'ils osent enfoncer — de quelle manière amortie! — le fer qui tuera l'arbre.

Ils y parvinrent enfin, mais le plus tard

possible. Tout autour de l'olivier, du figuier, de l'amandier, la terre formait de grandes excavations, et l'arbre semblait en équilibre sur l'enchevêtrement des racines mises à nu. Alors, les Serbes sciaient ces racines, comme si la blessure de l'arbre dût être moins réelle ; au soir, ils s'en allaient, nous laissant la cruauté de finir l'effondrement sur les racines brisées et le soin de tirer loin du regard, pendant la nuit, ces troncs et ces feuilles mélangées de fruits verts.

De cet amour fraternel pour toutes les œuvres de la terre, vient assurément la dure beauté de la race serbe, persécutée entre toutes, et toujours vivante. Il n'y a point, dans ces cerveaux hantés par la nostalgie sylvestre, de grands mots ni de rhétoriques. La diplomatie, ils l'ignorent. La politique, petite ou grande, les rebute, mais nul n'a jamais eu besoin de les persuader quand *leur terre* court le risque du viol. Cela tient mieux en leur cœur que toutes les alliances de guerre et les conventions de paix. Aussi longtemps que le terroir serbe est aux Serbes, ils devinent bien que la pensée serbe existe, la race serbe grandit, l'avenir serbe rayonne. Hors cela, ils prennent un fusil. Leur patriotisme est d'instinct.

Est-il difficile, dès lors, de savoir à quoi pense l'armée serbe, déracinée par le plus atroce brigandage? Un immense désir, doux et désespéré : *la terre,* hante ces centaines de mille hommes auxquels tout manque : le sourire de la patrie, la détente des permissions, et jusqu'à la notion même du destin de leur famille. Je ne sais pas s'il existe au monde, dans ce monde actuel où les atrocités des descendants de Caïn semblent avoir mûri pendant cinquante siècles pour s'étaler sous nos yeux en gigantesques horreurs, je ne sais pas s'il existe rien de plus affreusement douloureux que le courrier de l'armée serbe à Corfou.

Où vont-elles, ces misérables cartes postales, écrites avec des crayons, des épingles, des aiguilles d'arbres? Où vont ces liasses hebdomadaires, adressées au bureau central de Berne et perdues ensuite dans les ténèbres de Germanie? Personne ne le sait.

La femme, l'enfant qui doivent lire ces pauvres phrases maladroites, sont peut-étre enfouis dans les mines de Westphalie, ou murés dans un camp de concentration poméranien. Ils n'ont jamais répondu, car ils ne savent point non plus si le père ou l'époux n'est pas mort dans la tourmente albanaise. Le sauraient-ils, écriraient-ils, le raffinement des bourreaux saurait bien s'excuser de ne rien transmettre.

J'en ai lu beaucoup, de ces cartes postales, ou plutôt l'on m'en a traduit beaucoup, lorsque, certains jours, j'allais à petite distance du centre régler quelque affaire de service avec les officiers serbes. Il n'y a point trahison de secret à reproduire ici le texte anonyme, tiré à cent, à mille et à cent mille exemplaires, dont on

dévoilait à ma demande la douloureuse
et naïve signification :

« O ma femme, occupe-toi du jardin et
reste-moi fidèle. O ma fille, écoute ta mère
et entretiens la maison. O mon fils aîné,
soigne bien notre jument, notre vache,
notre truie, et préserve leurs petits du
mauvais temps. Et toi, mon cadet, prépare
ta prochaine guerre, comme ton aïeul, ton
grand-père et ton père ont eu la leur.
Pour cela, apprends les leçons de ton
maître qui me remplace, sans quoi tu
serais dans la vie comme un sourd avec
des oreilles et un aveugle avec des yeux.
Votre mari et votre père vous bénit. Il va
marcher avec ses pieds et se battre avec
ses poings, pour vous revoir. »

Signez cela Pachitch, Petritch, Marko-
vitch ou Ritchitch, inventez des nuances
de style, ajoutez les larmes qui diluaient
l'adresse, lorsque le malheureux écrivain,
par un effort d'imagination, concevait trop
bien l'infinie détresse de ceux qu'il bénis-
sait... voilà le courrier de l'armée serbe à

Corfou. Ils ne se sont point donné le mot, ces déracinés. Chacun n'écrit que ce qu'il pense, dans son cerveau aux pensées rares, et il l'écrit chaque semaine, sans y changer un mot, aveugle au pays où il campe, aux idées qui ne sont point serbes.

Cette émanation unanime, cette immense prière sans évangile ni prêtre, n'est-ce pas le plus beau symbole de la notion de Patrie? Et les inconscients qui viennent à l'oublier, nous offriront-ils jamais, en son lieu et place, rien de plus sublime que cette carte postale écrite par cent mille Serbes?

Hors ces heures de courrier, délices et déchirement de leur âme, ils écoutent leurs officiers, s'assouplissent à la manœuvre, préparent la dure campagne, et rêvent en faisant des gestes automates. Ils sont enfantins et terribles. Quand je les regarde s'exercer au tir, leurs doigts étreignent fébrilement la crosse et la détente du fusil vide; leur prunelle, tout à l'heure atone, luit et flamboie derrière le cran de mire, et leurs dents serrées re-

tiennent le délirant juron qu'elles attendent
de cracher à la chute du Germain maudit...

Plus tard, au crépuscule, attablés autour
des gamelles ou couchés à l'ombre des oliviers, ils causeront à peine, souriront peu,
ou bien se passeront de bouche à oreille,
et à voix très basse, un des souvenirs déchirants et simples de la terre natale...
Plus tard, encore, sous la divine beauté
des nuits ioniennes, en face des éternels
mouvements de la lune et des astres con-
templateurs de la terre, ils chanteront.

Nul ne connaît l'insoutenable splendeur
du chant, qui n'a point entendu courir,
sur la terre corfiote, les hymnes et les can-
tilènes des chœurs serbes exilés. Cela
monte vers le ciel comme une colonne de
douleur. Cela vient de l'infini des âges. Le
murmure des forêts préhistoriques, le
frisson des fleuves et des montagnes, la
pitié de la terre meurtrie par les hommes
et adorée par eux, toute l'immensité de la
souffrance éternelle a donné son souffle à
ce drame chanté. Pour laisser s'exhaler

cette onde de tristesse, le silence alentour semble se replier encore, et l'on voudrait retenir les battements du cœur, qui se prend à sauter d'insoutenable émotion. Nul musicien n'a écrit le solfège de ces chants. Les orchestres qui voudraient les traduire échoueront, car il n'existe pas d'instruments surnaturels.

D'où viennent-elles, ces mélopées sans grammaire ni conducteur? Elles ont chevauché du fond de l'Asie, en croupe des hordes vagabondes; elles ont résonné sur les grandes plaines slaves; les précipices et les altitudes balkaniques leur ont prêté des échos et des points d'orgue; et depuis plusieurs siècles, installées aux champs serbes, à l'ombre du chêne et de l'étable, elles ont formé, contre le Turc et l'Autrichien, le lien sans substance qu'aucune épée ne pourra rompre. Martelées par l'esclavage, chuchotées loin des tyrans, leurs notes contractent les gosiers et mouillent les paupières.

C'est l'hymne spontané de la Serbie crucifiée. Nous tous qui l'entendons, Français critiques, soldats exilés, marins blasés, nous ne comprenons pas un mot de ces vagues sonores. Cependant, un grand froid de volupté nous étourdit jusqu'aux moelles; nous voudrions que jamais ne s'arrêtât cette incantation nocturne; il nous semble que les innombrables aïeux qui la modelèrent en Serbie devinaient qu'un jour leurs petits-enfants, chassés sur un enfer terrestre, auraient besoin de la chanter ensemble pour ne point oublier leur paradis.

Mais, du moment qu'ils chantent, ils sont revenus à la vie. La stupéfiante résurrection de l'armée serbe n'aura pas été l'un des moindres miracles de cette guerre, si l'on entend par miracle tout redressement des choses inexplicable au moyen de la logique. Malgré nos prétentions, nous ne savons pas jusqu'à quelles profondeurs peut descendre la détresse des hommes, ni jusqu'à quelle hauteur peut monter leur résistance physique.

Quel médecin, quel infirmier, pendant ces mois de janvier, de février, où l'on vit échouer à Corfou des cargaisons de momies serbes, eût pu croire qu'en mai ces résidus humains chanteraient en chœur la veille d'un départ pour Salonique? En aucun temps, les robustes cultivateurs serbes n'ont souffert de l'embonpoint. Une austère existence leur conserve de chair tout juste ce qu'il faut pour soutenir nerfs et muscles... Chairs, muscles et nerfs, tout avait fondu pendant la retraite légendaire. Les plus faibles tombaient sur le chemin de bourbe et de neige, aux creux des sentiers d'Albanie; le froid nocturne enveloppait chaque cadavre, l'incorporait aux boues de la route, et, au lendemain, les talons des survenants choppaient, les roues des chariots trébuchaient sur des bosses indéfinissables qui n'étaient plus des cailloux, mais les têtes, les membres et les reins gelés des ensevelis d'hier.

Sur cette chaussée humaine, les survivants passèrent. Chaque étape maigrissait d'une once ce qu'il leur restait de substance. Chaque jour sans pain rapprochait du squelette leur peau durcie à fendre. Quand ils débarquèrent à Corfou, il ne leur restait plus rien.

Il fallut les recueillir tous, un à un, ces blessés de la faim. On les descendait à terre comme des marchandises inertes. Ils étaient si raidis que les heurts du transport faisaient cliqueter leurs membres comme des os. Leurs yeux étaient noyés sous des paupières creuses; leurs lèvres, couleur de cuir, laissaient passer d'insaisissables souffles. L'oreille du prêtre ou du médecin n'entendait plus battre leur cœur. Personne ne pouvait choisir entre les vivants et les morts, car de ceux-ci à ceux-là ne subsistait que la différence d'une flamme invisible, prête à s'éteindre.

A jamais l'île de Vido doit être sainte dans les annales de la commisération humaine. Pendant quelques semaines terribles, on aligna en plein air, sur sa roche pelée, les bataillons serbes étendus déjà dans l'attitude de la sépulture. Des hommes, des femmes françaises, s'acharnèrent à ranimer la flamme moribonde. Mais cette résurrection dépendait parfois d'une minute, d'un instant.

Que de fois, pendant que les mains secourables versaient entre des dents serrées les premières gouttes d'eau vivifiante, ces dents se sont-elles soudain rivées par le coup de vis de la mort... Il fallait passer vite. Peut-être le voisin était-il à quelques secondes du néant.

Parfois encore, dans une rangée fraîchement débarquée, trois ou quatre mourants réussissaient à ouvrir leurs yeux pour une supplication, leurs lèvres pour un appel. Il fallait choisir : choix atroce, car tandis qu'avec un couteau l'on desserrait les dents du premier, les autres exhalaient le mince hoquet final.

Le soir, pour laisser la place aux nouveaux, un navire venait prendre la funèbre cargaison des morts, et les conduisait au large. Pendant la nuit, il leur donnait la sépulture des ondes, où parfois, sans doute, leurs corps se déchiquetaient aux sous-marins allemands amateurs d'assassinat. L'on ne pouvait songer à les ensevelir dans le repos de la terre, car une armée de fossoyeurs n'eût point suffi à enterrer, jour par jour, cet innombrable recrutement de la mort.

*
* *

Mais, sans les oublier jamais, abandonnons ces souvenirs, puisque aussi bien l'armée serbe, neuve et ressuscitée, chante et va se battre. Tels ces grains de blé desséchés, enfouis depuis trois mille ans dans les hypogées d'Égypte, reprennent sous la pluie et le soleil la vie dont ils avaient conservé le germe et peuplent la terre d'épis vigoureux, de même les soldats qui surent franchir les quelques minutes d'attente revécurent et se dressèrent.

La génération présente a tant de choses à pleurer qu'elle ne connaîtra guère les

trésors de miséricorde dépensés, à Corfou,
par les nobles enfants de France, pendant
cette convalescence d'un peuple. Son
cœur se remit à battre de plus en plus
fort; l'ankylose de ses muscles se dénoua,
et de la lumière entra dans ses yeux. Le
soleil, les parfums de l'île, aidèrent la
charité française.

Peu à peu, sous les oliviers, comme
des campements druidiques, les bivouacs
s'établirent, les fontaines coulèrent, et le
joyeux fumet des aliments se méla aux
senteurs campagnardes. De France, les
bateaux apportèrent les outils de travail,
puis les vêtements neufs, les harnachements de cuir, et enfin les fusils, les
canons. En moins de trois mois, les
hommes qu'on avait débarqués dans des
civières formèrent des régiments d'attaque. Maintenant ils s'en vont, la fleur
plantée au canon du fusil et l'espérance
aux prunelles. Ils ont bien juré qu'on ne
les y reprendra plus.

Et telle est la douceur d'âme de ces

indomptables guerriers, telle aussi leur discipline, que l'admiration pour leur redressement physique s'efface devant une autre louange, rare entre toutes. Pendant le séjour de cent cinquante mille Serbes à Corfou, aucun d'eux ne s'est rendu coupable de ces fautes : larcin, ivresse, bris de clôture, et tant d'autres, dont les plus grandes armées ne sont jamais exemptes. Que d'excuses, pourtant, le censeur le plus austère n'eût-il pas accordées à quelque licence, chez des hommes revenus de si loin et campés dans une île étrangère! Quelle nation, malgré tout, ne pardonne point aux péchés véniels de ses héros, quand ils ont bien souffert? Le soldat de France, le Tommy anglais, savent que la réprimande sera légère, et ils ne se font pas toujours faute d'abuser de cette indulgence. Leur courage ne rend point vierge leur registre de punition.

Le Serbe ne se permet point cela. Loin de son foyer, il demeure fidèle. Excusé d'avance, il n'encourt même pas l'excuse. Respectueux d'autrui, il se respecte soi-même. Ce prodige d'une armée sans tare ne l'étonne point. L'on a presque scrupule à lui décerner un semblable prix d'honneur au-dessus de tous les soldats actuels, car, s'il le connaissait, son cœur naïf n'en tirerait pas d'orgueil.

Ames de lions, corps d'acier, pureté d'enfants, voilà cette race que les Germains prétendent supprimer de l'Europe. Elle en est la gloire.

L'on peut imaginer si la France, investie du salut des Serbes, faillira au devoir sacré de les rendre, sains et saufs, aux rives de Macédoine. Tous les marins chargés de leur garde précieuse useront leurs yeux, prodigueront leurs veilles, et donneront sans regret leur vie, pourvu que les Serbes qui restent aillent venger, aucun ne manquant à l'appel, ceux que nous avons eu l'infortune de ne pouvoir ranimer.

*
* *

Dans le moment où l'aéroplane, avant de commencer les spires de descente, survole la baie, je vois justement s'éparpiller vers le nord et vers le sud les patrouilleurs qui vont relever cette nuit les factionnaires du large. Ils se détachent lentement de leurs mouillages, se faufilent entre les navires puissants, longent les îles et les roches, et se dirigent à toute vitesse, c'est-à-dire comme des tortues par rapport à nous, vers les barrages de filets des deux passes. A intervalles réguliers, chacun d'eux souffle quelques boulettes de fumées, qui traînent et se diluent sur l'eau... Bon voyage aux veilleurs silencieux! Bonne chasse aussi! Puisse l'un d'eux rencontrer un sous-marin, le couler, et rendre ainsi plus sûrs les environs de Corfou!

Entre les croiseurs, les paquebots et le quai, courent des points minuscules, cha-

loupes et vedettes, qui conduisent à terre
ou en rapportent des permissionnaires.
Leur infatigable activité raye l'onde tranquille d'une multitude de traits fins, droits
et irréguliers comme les traces du couteau
sur un étal de boucherie. Les cours et avenues de la ville sont peuplés de points obscurs, rampant sur la blancheur des trottoirs : toute la population est dehors en
cette heure crépusculaire et exquise.

Bientôt, si notre amerrissage est cor-
rect, je parcourrai ces routes poudreuses
où quelques automobiles, noyaux de poussière, essayent en vain de lutter avec nous
de vitesse. Ensuite, je me mêlerai à ces
points noirs, quand la nuit sera faite; ou
bien, sur une des plages, sous une olive-
raie, à la promenade, selon la rencontre
du jour, je me reposerai dans la fraîcheur
nocturne.

Mais l'instant du repos n'est pas encore
venu, puisque auparavant il faut descendre d'aussi haut, et toucher mer sans
accident... Nous voici parvenus au-dessus

de Govino. Quelques centaines de mètres nous en séparent; que l'hydravion va descendre en deux grandes spirales rapides.

Il se penche tout entier vers le sol et commence ses orbes inclinées. Pendant le cercle de chacune, l'œil a tout le temps de voir l'île entière et les cantons de mer voisins, qui montent rapidement et se précisent.

Voici le double golfe, la double égratignure dans le rivage, où le prince Alcinoüs, père de Nausicaa, faisait l'abri de ses vaisseaux. Sur un promontoire haut, lancé comme un doigt entre les deux golfes, s'élevait son palais spacieux, où prospèrent aujourd'hui plusieurs moines bénévoles. J'y fus l'autre soir, et mangeai quelques fruits sur l'esplanade élevée, après un bain nocturne dans l'onde tiède. L'eau, sous la lune, était si diaphane, que l'on pouvait compter les fins cailloux recueillis d'un coup de pied. De notre altitude, et au soir tombant, cette même eau a pris de surprenantes teintes, rouge posé sur vert, et l'on dirait un précipice vide et coloré.

Voici le chemin creux, l'endroit même où je rencontrai par aventure S. A. le Prince régent de Serbie. Il voulut bien arrêter son cheval, en descendre, et sur le banc de pierre d'une auberge de rencontre, converser en vidant un petit gobelet de mastic. Il m'interrogeait sur la mer, la guerre navale et les sous-marins.

Ses yeux clairs et profonds me regardaient en plein, et il hochait la tête, approbativement, à chaque explication. Il ne posait point de ces questions oiseuses, politesses de l'indifférence, mais insistait chaque fois que, par scrupule de professionnel en face d'un profane, je sous-entendais trop vite quelque détail un peu spécial.

Il voulait savoir, et savoir bien, rare vertu chez les puissants de la terre. Général d'une légion de héros, chef d'un gouvernement, d'une armée d'exilés, accablé par la charge de symboliser, à lui seul, la

Serbie, le prince trouvait quelques minutes, à l'ombre d'un figuier, pour s'instruire avec bienveillance d'un officier de France qui passait. Faut-il s'étonner que cet homme, jeune par l'âge et grand parmi les grands, recueille en même temps l'admiration des peuples et l'idolâtrie de ses soldats?

Voici la campagne de Corfou, les hameaux heureusement situés, dont il importe peu que je dise les noms. Perchés en nids d'aigles, ou posés en terriers sur le plat des prairies, leurs blanches masures m'ont vu passer souvent, humble piéton, qui les domine aujourd'hui...

A ce tournant de route, vite franchi, quelques enfants rieurs m'ont jeté au visage quelques pétales de roses ou d'églantine, et se sont enfuis sans même attendre une drachme... Plusieurs kilomètres plus loin, sur cette dure montée d'un chemin caillouteux, j'ai vu la procession d'un vieillard tirant son cheval, à la queue duquel était attachée une brebis, qui entraînait elle-même un tout petit chien...

Plus loin encore, vers le sud, je survole le croisement de sentiers où plusieurs femmes grecques, saines et vêtues d'étoffes éclatantes, m'ont indiqué mon chemin vers le village dont j'écorchais le nom; sous la lourde jarre, que soutenait leur tête droite, elles riaient de grand cœur à mon parler baroque; mais c'était rire des yeux et de la bouche, qui ne faisait point broncher d'une ligne leur fardeau...

Ces petites taches qui glissent là-dessous, c'est le cimetière serbe, noble et simple, où un monument pur, au milieu des oliviers, rappellera aux passants de l'avenir le destin des soldats qui moururent entre le départ et le retour de Serbie...

Sur la droite, entre la mer et un bouquet d'arbres, des fumées se dispersent; elles montent d'un camp serbe, où des parterres circonscrits de rocaille s'ornent déjà de fleurs; si le ronflement du moteur n'assourdissait pas mes oreilles, j'entendrais peut-être le salut que nous envoient ces poitrines sincères...

*
* *

La première spire est finie. Teintée de pourpre, l'île entière est plus près de nous. L'on pourrait distinguer déjà chacun de ses beaux oliviers. Vus du ciel, ils ne montrent point cette surprenante richesse qui suffirait, entre toutes les îles, à définir Corfou.

De même que l'homme a su diversifier à l'infini la forme des colonnes de pierre, de même la nature, réservant à Corfou ce privilège sylvestre, a sur ses troncs d'oliviers épuisé toutes ses souplesses d'art. Anguleux, droits ou chargés de verrues, ils sont formés de plusieurs tiges, qui se séparent aux racines et se réunissent aux branches. Ces tiges s'enlacent, s'entrelacent, s'enchevêtrent. Entre elles, on voit le jour comme au travers d'un treillis d'écorces. Tous les jeux de la forme, de la courbe, de l'assemblage, se sont réalisés sur ces troncs ; aucun arbre ne ressemble à l'autre. C'est un enchantement perpétuel. La tige multiple d'un même olivier forme souvent des cages, des maisonnettes, des guérites, aérées et ensoleillées. Au creux de chacune, les Grecs, prompts à la parabole, logèrent un petit sylvain ou une timide hamadryade, anges gardiens du bel arbre et mourant avec lui.

Plus magnifique assurément que le chêne lui-même, l'olivier à Corfou est le personnage essentiel des campagnes. Mais celles-ci n'offrent point d'uniformité. Dans l'étroite limite du littoral, une nature favorable a posé des cultures, des sites aussi variés que ceux de France.

Au nord, l'île appartient encore à l'Albanie; son centre ressemble aux Pouilles, à la Grèce; sa pointe méridionale, sables et lagunes chauffés, rappelle déjà les plaines africaines. Un versant de colline plonge sur quelque paysage de Provence, sec et parfumé; l'autre abrite un coin de Gascogne, fruits et verdure. Certains coteaux sont aimables et boisés comme un canton du Morvan, et un détour du chemin découvre une manière d'oasis tunisienne.

Par petits panoramas, sans ordre ni raison apparente, le soleil, le vent et la pluie se sont joués à faire des miniatures de vingt provinces. Là réside le charme de Corfou. Il ne possède point la vigueur monotone des autres îles grecques, brûlées et stériles; de la fastueuse Ceylan; de notre Corse farouche et grandiose.

Corfou n'engendre point, chez qui l'habite, des liens robustes d'insularité, ni, chez ceux qui l'ont quitté, des souvenirs de spleen. Elle n'offre aucune de ces vertus prenantes, accapareuses, qui font que l'on a pu dire de certaines îles qu'elles représentent des états d'âme. Elle convie le passant de goût à une sorte de repos mental. Corfou plaît sans retenir. Ce n'est rien de plus qu'une agréable escale.

De nombreuses tentatives furent faites pour y créer des stations d'hivernage, et toutes échouèrent, parce que les hôtes d'une année ne se souciaient point d'y revenir. Une fois évanouie l'impression de quelques jours ou de quelques semaines, leurs récits ne conservaient même plus cet enthousiasme qui persuade aux auditeurs d'y aller voir aussi.

Notre seconde spire descendante nous rapproche davantage de ce tapis où tout à l'heure je ne distinguais que du vert, mais dont tous les accidents, murs et roseaux, sentiers et torrents, se détachent à la fois. Par suite de son inclinaison vers le bas, l'aéroplane semble se prêter à la vision directe. Point n'est besoin, pour contempler la terre ou l'eau, de se pencher à droite ou à gauche. Les paysages se précipitent sous l'étrave, tout proches et rapides, comme au-devant de l'automobiliste se jette la route.

Nous virons à hauteur de l'Achilleïon, palais du kaiser. Mieux vaut l'admirer comme font les oiseaux, plutôt qu'en visiteur. Juché sur un escarpement qui domine, par deux faces, le détroit grec et une vallée charmante, il n'eût suffi qu'un peu de goût pour créer là quelqu'un de ces joyaux d'art et de pierre que le voyageur aime rencontrer dans les écrins choisis par la nature. Si peu qu'il en fallût, le kaiser et ses démarqueurs munichois n'ont pas omis de passer outre.

Sans m'arrêter à leur colossal Achille, fort des halles berlinoises qu'ils ont planté au petit bonheur dans un jardin sans perspective, que penser de cette bâtisse, où le maître des Allemagnes, voulant, je n'en doute point, réunir les quintessences de l'art allemand, n'a su que faire le cumul des platitudes? Les ornements prétendus ioniens ou doriens vous remplacent la ligne pure par je ne sais quels bistournements du cubisme saxon.

D'un magasin de ferraille militaire semblent sorties les rampes d'escalier, dont chaque montant représente une arme, depuis le harpon jusqu'à la colichemarde, et depuis la massue jusqu'à l'estramaçon. A côté d'une fresque aux prétentions antiques, le mur est rehaussé par des extincteurs d'incendie, peints en rouge écarlate, et tel trumeau, figurant quelque jeu mythologique, surmonte des seaux, des manches de cuir, une pancarte administrative, où de gros caractères enseignent aux plus obtus la manière de combattre le feu. A la pointe du doigt d'une statue en stuc, on lit la pancarte : *In* (1), et tel candélabre de bronze doré surplombe l'indication : *Aus* (2).

Ne savent-ils donc pas se mouvoir dans les maisons civilisées, tous les commensaux du kaiser, qu'il faille leur montrer la sortie, la descente, comme en un musée ou au métropolitain? Rien ne manque à la comparaison, pas même l'évangile germain *Verboten! Verboten!* (3) qui ramène au devoir, de-ci, de-là, ces très hauts messieurs de la suite du Très Haut.

Où donc a-t-on pu parler de la discipline teutonne? Le Maître lui-même a

(1) Entrée.
(2) Sortie.
(3) Défense de...

besoin, chez lui, d'interdire mille choses. Je tremble à la pensée du déluge de pancartes, si l'indiscipline était le vice des Allemands, comme ils veulent bien en faire le reproche aux Français.

Et après tout, pourquoi ne pas le dire? Il y a vraiment deux manières de guerroyer : la leur et la nôtre, n'en déplaise à ceux qui se juchent au-dessus de la mêlée. Il ferait beau voir qu'un fils du kaiser, ou quelque autre des illustres pillards germaniques, eût pu mettre la patte sur un palais souverain. Leurs fourgons, au matin, y eussent apporté des bouteilles, de la mangeaille, et tous les accessoires de la galimafrée; le soir, ressorts craquants, on les aurait vus partir à la cloche de bois; tableaux et statues, pendules et boutons de sonnettes, empilés par les nobles cambrioleurs, seraient allés orner, de guingois ou à l'envers, ces monts-de-piété du vol qu'on baptise palais en Allemagne.

La France aura les mains plus propres.

C'est sa manière de culture. Sa rigoureuse discipline interdit qu'on prenne un clou, une fleur, à cette bâtisse et à ces jardins que nous aurions pu dénuder sans faire venir une larme aux yeux des Muses. Tels il les a quittés, tels le prince des voleurs pourra les retrouver. Il y retrouvera même autre chose, car nous aurons purifié ce repaire au moyen de la souffrance de nos malades.

Sous ces lambris de carton où se reposait le kaiser afin de mieux méditer ses crimes, viennent maintenant s'apaiser les fièvres et se guérir les blessures. Pas un de ceux qui passent ici n'aura manqué de maudire cet homme, pendant les lentes heures du lit ou de la convalescence. Et, parmi les revanches que l'on peut souhaiter, puisse-t-il un jour revenir dans ce même Achilleïon, non plus en préparateur des meurtres, mais en vaincu, mais en honni, et entendre jusqu'à sa mort les murs lui répéter l'anathème des malades qu'il n'a pu tuer.

** **

A Dieu merci, les courses aériennes ne s'attardent pas. Derrière notre volte, disparaissent l'Achilléïon et son train de mauvaises pensées. Jetant les yeux vers l'ouest, où le soleil semble tournoyer avant de toucher l'eau, j'aperçois pendant quelques instants deux éperons de roches et une plage arrondie. C'est la plage d'Hermones. C'est le sable où Nausicaa jouait au ballon avec ses aimables compagnes, après avoir lavé dans le fleuve argenté ses robes éclatantes. Leurs ébats furent interrompus, car Ulysse, vêtu de branchages, s'avançait vers le groupe charmant, et adressait à la princesse l'immortelle supplication :

« — Je t'implore, ô reine ! Ou comment t'appeler ? Es-tu mortelle ou déesse ?... »

Noble poème, heureuses phrases, qu'il faut lire et revivre dans les lieux mêmes où l'*Odyssée* coule sa trame. Comment, avec un tel livre, et sur les lieux qui le suggérèrent, ne pas s'abandonner au récit de l'aède aveugle, qui charmait les Achéens comme Orphée enchaînait les fauves? Quand Homère parle des dieux, parmi lesquels il vivait, nous ne pouvons faire mieux que l'en croire sur parole. Mais dès qu'il redescend à terre, et nous prie de l'accompagner sur les rivages et parmi les hommes, quelle stupeur de reconnaître aujourd'hui la figure même des choses qu'il évoqua, et même de ne pouvoir imaginer d'épithètes plus heureusement précises que celles qu'il nous a léguées !

J'en sais quelque chose, pour avoir, depuis tant d'années, lu cette *Odyssée* dans tous les lieux où me menait le hasard, et où l'exégèse moderne a retrouvé des escales d'Ulysse. Cette guerre, tout au moins, m'aura donné la fortune de m'attarder sur les sept chants de l'île d'Alcinoüs. Au retour des grands vols, il y a plaisir à rechercher l'anse, le chemin creux ou la roche dont Homère a d'un mot tracé le caractère, et s'asseoir là devant, pensif aux choses si lointaines, tandis que l'adjectif inventé par le poète semble se poser tout seul sur l'objet qu'il chanta.

Il y a plus de plaisir encore à survoler ce décor sur les ailes de ces grands hydravions, premiers dans l'éternité depuis Icare, à franchir l'air ionien. Quelques minutes suffisent parfois à rejoindre telle anse où le malheureux Ulysse ne parvenait point en un mois. Nos aéroplanes ont amerri dans quelques-unes, car il est bon de savoir, avant le besoin, quels abris et quelles ressources rencontreraient les pilotes aux jours d'infortune ou de panne. Chaque semaine, le réseau s'agrandit des havres étudiés, et avant peu les ailes tricolores auront entièrement refait le cycle odysséen.

Il m'advint d'amerrir, l'autre soir, dans cette même baie d'Hermones où Ulysse, englouti par les vagues, ne dut qu'à la protection de Minerve de parvenir sanglant jusqu'à la grève. L'air était parfaitement calme, et nul remous ne balançait l'appareil. L'eau paraissait immobile. Le liseré d'écume sur la berge ne montrait qu'un faible ressac. A petite distance des sables, juste en face du ruisseau de Nausicaa, l'hydravion prit mer légèrement, se dirigea vite pour s'échouer sur la rive, et prendre quelque repos.

Mais au moment où, moteur arrêté, il courait sur son erre à peu de mètres du sable, trois vagues subites, venues je ne sais d'où, le mettent en travers, faussent une aile, et le retirent vers le large. Ainsi gêné, il ne pouvait plus rectifier sa direction. Ses passagers se jetèrent à l'eau pour le conduire, le remorquer tant bien que mal jusqu'à la berge.

C'est ainsi qu'ayant essayé, venant du ciel, de fouler le sol de Corcyre au même point où Ulysse, venant du large, pensa s'écraser, je ne fis ni mieux ni pire que lui, et touchai la plage de Nausicaa barbottant, m'ébrouant, les narines pleines de sel et les mains déchirées... Mais lui, toujours heureux, fit rencontre de la belle princesse qui lui répondit :

« — Étranger, tu ne parais point un homme vulgaire ni dénué de sagesse. Jupiter, à son gré, dispense le bonheur aux bons et aux méchants... »

*
* *

Au revoir, souvenirs de baignade et de princesse accueillante ! Il s'agit désormais d'amerrir à Govino. Rasant la cime des arbres, l'hydravion fait dresser la tête aux passants et s'éparpiller les troupeaux qui rentrent à l'étable. Un campement serbe lance des hourras. Quelques blanches infirmières agitent leurs mouchoirs. Le miroir d'eau dévale vertigineusement. Chaque pli de l'onde semble un rasoir qui va nous trancher.

Un contact mou... un bond... un contact dur... un autre.. L'oiseau de toile et de bois s'assied, puis reprend sa course,

à fleur d'eau, vers le bercail, où cinquante
mains l'empoignent et le traînent à terre.
Un peu étourdi, l'on saute de la carlingue.
Le timonier de service présente son ardoise pour y inscrire le compte rendu
qu'il faut téléphoner à l'amiral. Les camarades qui ont attendu s'inquiètent du résultat de la patrouille :

— Avez-vous vu quelque chose? Mines?
Sous-marins? Navires suspects?

— Rien.

APULIE. — SUD TUNISIEN

ILE-DE-FRANCE

Corfou-Apulie. — Juin 1916.

Ce jour-là, aux toutes petites heures du matin, notre centre d'hydravions s'anime.

Après maints pourparlers et des retards superflus, l'on m'autorise à tenter par aéroplane la première liaison entre Corfou et l'Italie. Un pilote, un mécanicien, vont m'accompagner sur l'un des rares appareils qu'aient laissé intact les infortunes de vol, les amerrissages trop violents, et l'usure d'un matériel sans outillage ni moyens de réparation.

Depuis quelques jours, les spécialistes du centre ont contrôlé chacun des organes de cet hydravion précieux, qui ne devra point défaillir au cours de la randonnée où ses escales seront en rades perdues et sur plages sans ressources... Nos voiliers ont repris minutieusement la tension des voiles et des haubans; puissent ceux-ci ne point fouetter !... Nos charpentiers ont sondé les vertèbres de bois, les lames de contreplaqué, et remplacé les moins saines; ils escomptent que rien ne faiblira... Soupapes, magnétos, pompes et carburation, interrogées et soignées, ne manifestent aucune de ces déconcertantes et mortelles lubies dont leur caprice est coutumier; mais il ne faut jurer de rien... Filtrée et vidangée deux fois, l'essence ne contient plus d'impuretés ni d'eau; nous l'espérons du moins... Le compas semble réglé, toutes commandes obéissent avec douceur et précision, l'assiette est correcte, le déclic des bombes n'accroche pas... Il n'y a aucune raison pour que le puissant oiseau, qui pèse, tout chargé, bien près d'une tonne et demie, n'accomplisse point aisément son grand vol transmarin, ses bondissements prévus le long des côtes d'Apulie, et son retour, demain ou après-demain, au bercail de Corfou.

Dans toutes les unités aériennes, il est de tradition que l'on ne souhaite point bonne chance à ceux qui prennent le départ. Quelle que soit leur besogne prochaine : bombardement, chasse, exploration, ils n'entendent jamais ces vœux prémonitoires : « A bientôt ! » « Bon voyage ! » « Heureuse chasse ! » dont les amis accompagnent dans la vie courante les absences sans danger. Est-ce pudeur professionnelle ? Est-ce intuition des fiancés du péril, qui savent que les paroles humaines ne prévalent guère contre la malignité des forces naturelles ni la toute-puissante intervention des hasards ? Est-ce tout bonnement, comme l'affirment les spectateurs acagnardés dans une immobilité sans risques, l'effet d'une superstition ?

La matière est trop importante pour que je puisse ici la discuter ni prendre parti. Tout ce que je m'en risque à dire, c'est que, dans les nombreuses professions où j'ai côtoyé des hommes auxquels le danger d'hier annonçait celui de demain, dans les fréquentes circonstances où mes camarades ou moi savions que la mort, cauteleuse et muette, pouvait tendre l'un de ses pièges diaboliques, j'ai observé cette universelle loi du silence.

Les néophytes du risque, survenant dans l'une de ces formations maritimes, terrestres ou aériennes, où les vétérans leur enseignent à la fois la modestie et la prudence, ne manquent point de manifester leur enthousiasme de fraîche date par de merveilleux récits à leur propre retour, et de chaleureux souhaits au départ d'autrui. L'on essaye de leur apprendre la sobriété ; ils entendent souvent cette phrase d'amical reproche : « Ne parlez donc point sur le jeu ! » Ils s'étonnent, haussent les épaules, et se persuadent qu'eux tout au moins ne tomberont pas dans la commune superstition.

Et puis, lorsqu'ils ont vu tel de leurs camarades se tuer sous leurs yeux, lorsque tel autre n'est jamais revenu, lorsqu'eux-mêmes ont éprouvé, en haut ou en bas, le frisson de la grande peur qui étouffe les poumons et arrête les artères, ils comprennent... A leur tour, ils se taisent. Ils ont acquis l'âme du danger.

Aucun souhait, ce matin-là, ne monte donc à nos oreilles de tout l'équipage du centre, officiers et matelots, qui accompagne jusqu'au bord de l'eau l'hydravion migrateur. Mais les yeux sont brillants et les bouches souriantes : c'est le meilleur présage de réussite.

Au moment où nous nous arrêtons sur l'extrême limite de la rive, quand le poitrail de l'avion plonge déjà dans l'eau tandis que sa queue surplombe encore le sable, tous les marins griffonnent en hâte des cartes postales posées à plat sur la carlingue. Ce premier courrier aérien fera gagner huit jours, peut-être dix, aux nouvelles destinées au foyer. Depuis hier, d'innombrables lettres me sont parvenues, qui doivent en moins d'une heure atteindre la rive italienne et, en moins de quarante-huit heures, les yeux de France. A mes pieds. j'arrime leur liasse bien ficelée, entre un petit nécessaire de voyage et un appareil photographique.

Pendant le répit que j'accorde pour les dernières minutes de correspondance, mes compagnons et moi nous ajustons dans nos vêtements de vol. Nous n'avons rien à nous dire, pas plus que, sur un quai de gare, l'on ne trouve autre chose que des paroles banales.

Le matin est exquis, déjà tiède, et une buée monte de chacune des chevelures d'oliviers qui se dévétent de leur rosée nocturne. Le soleil n'est pas encore visible. Peut-être même n'est-il pas levé derrière les hautes montagnes d'Albanie et d'Épire qui nous cachent tout l'Orient. Le ciel est

en train d'acquérir cette teinte bleue ouatée
de blanc qui présage les chaleurs torrides.
L'air, déjà fatigué, s'écrase sur le sol.

Quelques instants plus tard, le monde à
fui. Notre centre, les oliviers, Corfou et sa
rade, sont repoussés derrière nous ainsi
que la fumée d'un train rapide. Jetée
comme un épervier sous la main du pê-
cheur, la mer agrandit son cercle bleu.
Son extrémité monte de même qu'un trem-
plin dont on ne voit point la limite. Elle
est dure, de cette dureté d'un plancher où
les rayons lumineux rebondissent ainsi
qu'une balle. Elle est profonde et transparente.

Longeant la côte nord de Corfou, je
puis suivre sous l'eau les gradins de la
terre qui prolongent ceux des falaises ; ils
ont des écroulements, des chutes, des
ravins semblables à ceux du Pantecratôr ;
il y a des jets d'ombre et de lumière
glauques, tout comme entre les escarpe-
ments terrestres ; des roches, des cailloux

polis, réussissent à y ramasser la clarté sous-marine et à nous renvoyer un trait de lumière émeraude ou béryl, de même que dans le creux d'une montagne quelque mica ou quelque filet d'eau darde sous la feuillée une flèche d'argent ; il fait si beau, il fait si clair, que dans cet abîme d'eau, image renversée des montagnes, nous voyons filer à tire de nageoires les cousins aquatiques des éperviers ou des merles.

Du fond de l'océan, incertains tout d'abord au milieu des pénombres, s'élèvent les entablements des îlots, des récifs avoisinant Corfou ; ils semblent tous noirs à leur base ; mais, à mesure que leur fût puissant se rapproche de la lumière aérienne qui va le faire étinceler, leurs pans s'illuminent de clartés jaunes, bleuâtres ou rousses, suivant les sables, les algues ou les roches noyées. Tous ces rayonnements sont à la fois estompés et nets. Cela est d'une beauté souveraine. Depuis l'origine des siècles, la splendeur de ces architectures sous-marines attendait que l'œil humain vînt la découvrir et l'admirer. Notre âge y est parvenu.

L'aéroplane s'éloigne, monte, aborde la solitude infinie aux frontières d'eau et de ciel... Tout d'un coup, soulevé par notre ascension, le soleil jaillit à grande vitesse au-dessus des monts d'Épire et saute comme un globe d'argent fondu lancé par quelque invisible raquette. Il monte, parallèle à nous, aussi rapide que nous et ne s'arrêterait point si, notre altitude atteinte, nous ne prenions le vol horizontal.

Tout est calme et illuminé. Une sorte de brume, une albumine fluide, dort à la surface de l'eau : c'est la vapeur aspirée par le soleil tout-puissant. Le bleu de la mer se dilue sous ce manteau léger, qui envahit les côtes balkaniques et italiennes, toutes pâles déjà sous la grande lumière. Les dessins de notre immense panorama semblent se cacher derrière un verre légèrement dépoli. Il n'y a rien que d'indécis, d'ondoyant, d'impondérable. Aucune chose vivante ou précise, oiseau ou navire, ne retient le regard.

Tout là-bas, cependant, loin, très loin dans le nord, se traînent des soupçons de reflets noirs... C'est peut-être illusion visuelle de cette atmosphère pétrie de fulgurations... Nous nous dirigeons néanmoins vers cette apparence. Elle nous détourne de notre chemin, mais ne devons-nous pas rechercher tout ce qui erre sur l'eau ou dans son sein pour le protéger ou le détruire?

Après quelques minutes, le fantôme des fumées noires s'est précisé. Nous distinguons cinq grands navires. Ils sont si loin, et tellement pâlis par la couche des brumailles, qu'il faut tout notre entraînement visuel pour reconnaître des transports en ces silhouettes indécises, découpées sur de la toile d'araignée.

Malgré notre vitesse, nous perdons près de trois quarts d'heure avant d'atteindre ce convoi italien qui va sans doute de Brindisi à Vallona. Il y porte les troupes

et le matériel d'occupation. Un contre-
torpilleur l'accompagne, si petit, si bien
camouflé à la teinte neutre des eaux, que
nous l'avons aperçu presque au dernier
moment.

L'hydravion gagne franchement sur la
route où vont passer les navires, et exécute
plusieurs grandes orbes afin de s'assurer
que nul sous-marin, immergé ou en surface, ne guette. Lorsque, autant que puisse
le constater l'infirmité des regards humains,
nous estimons que la route est sans danger, nous repartons en ligne droite vers
Otrante, laissant bien loin, en contre-bas,
les grands navires poursuivre leur marche
tranquille.

Mais, pendant ce détour, un brouillard
d'été, opaque et blanc, s'est épaissi entre
l'Italie et nous. Là où tout à l'heure appa-
raissait la rive blanche piquée de son
phare presque diaphane, nous ne voyons
plus rien. Afin de chercher notre voie,
nous essayons de survoler le brouillard.

Pendant quelques instants, l'aéroplane

vogue au-dessus de cette toiture molle, cannelée comme une succession infinie de tuiles de coton, sur quoi les rais du soleil frappent sans pénétrer et s'écrasent, torrent de lumière fondue.

Mais le brouillard monte aussi. Tout d'abord, notre carlingue érafle son dos et y creuse un sillon sans bruit ni copeaux... Ensuite, les ailes semblent peler quelques reflets débordants; puis elles s'engloutissent obliquement dans la substance des vapeurs, telle une écharde sous un ongle. Et enfin nous ne voyons plus rien que du blanc aveugle. La pulvérisation des petites sphères d'eau bombarde notre visage jusqu'à la douleur d'un frottement d'orties. Une moiteur flasque s'insinue par le cou et les pores des vêtements. La poitrine et les hanches collent aux tissus.

Notre boussole remplace nos yeux et notre intelligence... Qu'elle se dérègle, peut-être décrirons-nous des routes infléchies vers la droite ou la gauche, sans connaître où nous nous trouverons à l'orée du brouillard. A la longue, cela fatigue et assoupit. Ne rien voir, ne rien savoir, donne une hébétude qu'aggrave l'humidité poisseuse des membres. L'on fermerait presque les yeux, l'on s'abandonnerait à l'engourdissement, si, à cette vitesse, la fraction d'une seconde ne suffisait à engendrer la catastrophe.

Tout d'un coup, comme au sortir d'un tunnel blanc, l'aéroplane plonge dans la clarté et la vue. Libre de vapeurs, l'Italie entière se pose devant nous. Le phare d'Otrante est là, sous l'étrave : notre compas n'a point défailli. Le petit port d'Otrante ouvre sa double crique d'eau verte ; autour de lui, de fortes maçonneries grises font tache à la limite de la campagne poudreuse. L'hydravion descend pour amerrir. Le ronflement de son moteur, que la brume étouffait il n'y a qu'une minute, fait pivoter vers nous les visages de la population.

Des informations antérieures avaient annoncé notre venue ; en quelques instants, de tous les trous de porte, sortent de petites théories de fourmis qui rampent le long des murailles, s'agglomèrent sur la plage, et dévalent en gros cortèges jusqu'à la grève. Pendant notre dernière spire au-dessus de la crique, avant l'amerrissage, tous les habitants courent à droite, s'arrêtent, reviennent à gauche, repartent, suivant les mouvements rapides de l'hydravion. Au milieu du havre, enfin, nous touchons l'eau, et après quelques bonds, allons enfoncer notre étrave sur le matelas de goémons où cinq cents ou mille garçons, filles, femmes et vieillards nous empêchent de sauter à terre.

Otrante n'a jamais vu d'avion, italien ou allié. Rappelez vos souvenirs, ranimez le moment unique où, pour la première fois, vous avez vu des hommes s'élever et redescendre sur le grand outil de bois, de toile et de métal. Vous comprendrez l'enthousiasme et la stupeur de cette petite famille humaine perdue au bout de l'Apulie.

Les filles touchent les ailerons et la coque. Les enfants caressent nos mains et nos visages. Leurs yeux brillent et leurs bouches crient « Vive la France ! » Des vieillards pleurent. Les mères nous tendent leurs nourrissons. Il n'y a pas de recherche ni d'apprêt : l'hydravion tricolore vient de faire amerrir l'une des plus grandes émotions qu'auront jamais éprouvée ces cœurs simples ; ils la manifestent naïvement, brutalement, comme un amour méridional.

Nous réussissons à débarquer. La pesanteur habituelle à tous les retours aériens s'accroît de la mollesse de notre plancher d'algues et de la chaleur qui nous écrase après la grande ventilation de tout à l'heure. Sur place, dans la foule mouvante des spectateurs, nous nous déharnachons.

Nos genoux heurtent des ventres ou des jambes pendant que nous enlevons nos bottes ; des mains s'emparent de nos attributs mystérieux : lunettes ou jumelles ; quelques enfants se parent de nos

casques, de nos vestons de cuir, de nos
cache-nez. Pendant que le mécanicien
retourne à bord pour la visite de tous les
détails, le pilote et moi montons jusqu'à
la ville, où nous voulons rendre visite à
l'autorité maritime.

Celle-ci, en la personne d'un estimable
capitaine de port, descend en toute hâte,
désolée de son retard. A vrai dire, toute
l'excuse est nôtre, car il n'est pas encore
sept heures du matin, et ce n'est pas une
heure, dans le fort de l'été, à réveiller
d'honnêtes chrétiens.

Sans doute, pendant que nous passons
sous la voûte fraîche et crénelée qui conduit à la ville entre deux donjons trapus,
le capitaine de port me montre-t-il le
télégramme qui annonçait notre départ de
Corfou et qu'il vient de recevoir au moment où nous amerrissions. Il regrette,
avec force superlatifs, que notre vitesse
ait été si grande, et ne lui ait point permis
de nous recevoir en pompe.

Je ne veux point le contrister outre

mesure ; sans notre crochet vers Vallona, nous fussions arrivés une bonne demi-heure avant le télégramme et dans une ville endormie... J'appris en outre, au courant de la journée, que ce télégramme, avant de parvenir à son destinataire officiel, avait été propagé par maint officieux dans la population. C'est pourquoi, privés de pompe, nous avions eu le cortège.

Si je m'avisais de transcrire le détail de cette journée, son emploi du temps rappellerait fort celui du bœuf gras en mi-carême. Toutes choses étant égales d'ailleurs, les impressions seraient les mêmes. Par une température que nourrissait chaque heure de soleil montant, et que ne diminua point le déclin du jour, mes compagnons et moi dûmes subir toutes les obligeantes, mais harassantes visites et interviews dont la ville, que dis-je, dont tout le district étaient capables.

Il n'est point nécessaire de mentionner les pourparlers officiels, but réel de cette randonnée, grâce auxquels j'expliquai aux différents corps constitués l'objet de notre visite et les diligences que je sollicitais d'eux pour les escales ultérieures de nos hydravions. Tout alla des mieux. Chaque détail de commodité fut réglé sans encombre et avant la fin de la nuit.

Mais, dans l'intervalle, nous avions affronté le conseil municipal dans la grande salle des délibérations et, sous l'œil bénin des édiles de naguère dont les portraits nous contemplaient du haut des murs, écouté une allocution patriotique et laudative, humectée par quelques coupes d'asti.

Ensuite, le percepteur des douanes nous fit visiter son domaine et déboucha en notre honneur un flacon précieux de vermouth... Le directeur des postes, celui des contributions, le chef de l'enseignement, le commandant d'armes, nous attirèrent dans leurs bureaux, frais sous des murs de pierres épaisses, et les toasts se dévidèrent.

Au sortir dans les rues dont les pavés

rôtissaient la semelle, la masse compacte de nos satellites nous prenait et nous accompagnait, se bousculant sur nos pas et surprenant nos moindres propos. En signe d'honneur, personne ne sollicitait d'aumône. Au contraire, l'on nous portait fleurs et fruits. De même, quand nous partîmes au petit matin du lendemain, tous les coins disponibles de notre carlingue se trouvèrent bourrés de melons, de raisins et de pêches, et nous passâmes de longs moments à débarrasser l'hélice et le moteur des guirlandes de bleuets, de marguerites et de coquelicots.

Un excellent abbé voulut nous faire, lui-même, les honneurs de l'église sombre et bien campée au bord d'une venelle rapide, où un ossuaire fort garni commémore une bataille entre Turcs et Italiens, vers l'époque des conquêtes normandes. Il nous montra, sur des fémurs empilés derrière le verre, les lambeaux de vêtements collés à l'os par le sang desséché ; sur des crânes et des omoplates, il nous indiqua la fente mortelle d'un javelot ou l'égratignure d'une flèche.

L'on éprouvait je ne sais quoi d'étrange, de contractant le cœur, à entendre célébrer cette minuscule bataille d'une époque de barbarie, alors que la Grande Guerre dévaste trois continents. Entre deux phrases du benoît ecclésiastique, qui essayait de me bien faire entendre les prouesses de tous ces martyrs disloqués et empilés dans son armoire, j'essayai de glisser quelques mots sur la tourmente actuelle. Mais il ne m'écoutait pas et reprenait son récit légendaire.

Otrante est à l'un des bouts du monde. Pour que le tumulte de la guerre n'y parvienne que de façon aussi étouffée, il faut bien que l'Apulie demeure ce qu'elle fut au temps où P.-L. Courier oscillait d'elle à la Calabre, et crayonnait, pour le délice des connaisseurs, les caractéristiques de cette population divorcée de l'Europe.

Tout le jour, cette opinion s'affirma.

Notre oiseau géant et nous, étions la curiosité de l'heure, mais cette curiosité ne se haussait guère jusqu'au symbole que nous apportions en ces lieux. Il faut avoir saigné, il faut avoir failli en mourir, pour que la réalité de la guerre enfonce son clou dans les cerveaux.

Or, sais-je pourquoi? cette guerre n'a pris en Apulie que la glane de deux ou trois classes de jeunes gens. Partout, sur les places et aux champs, l'on voit ce spectacle qu'ignore désormais la France : des groupes de jeunes hommes promenant en sécurité leur force maigre et musclée.

Le deuil du vêtement n'assombrit pas la grâce des épouses; dans ce pays, où la fertilité infantile dépasse l'imaginable, les jeunes femmes après trois ans de guerre sont entourées par des marmots d'un, deux et trois ans. La mort n'a point fait ici les coupes sombres dont notre patrie demeurera énervée pour tant de générations... Que sera l'avenir? Et les détours du hasard contraindront-ils l'Italie à ces épuisements que la France a connus dès les premiers jours?

Pour l'heure, la campagne d'Apulie n'a presque pas perdu de bras ni de richesses. Mes hôtes du jour ayant voulu me conduire en automobile jusqu'à Lecce, capitale de la province, j'ai parcouru, dans un noyau de poussière fine, la route droite qui raye le talon de la Botte Italienne.

Les oliviers tordus et les vignes vivaces couvraient l'étendue poudreuse. Sur le chemin, passaient des carrioles aux hautes roues peintes en rouge, tirées par des chevaux aux harnachements rehaussés de cuivre ou de fer-blanc. Des pompons de laine, rose ou bleue, des grelots tintinnabulant, des essaims de garçons et de filles rieurs sur les bancs, quelques chiens qui traînaient au sol leur langue humide, tout cela fuyait au milieu de la lumière somptueuse.

Vers le milieu du trajet, une petite avarie nous obligea de stationner en plein paysage agreste. Pendant que l'on guérissait le malaise du moteur, je me promenai sur le bas côté de la route, taquinant d'un brin de paille quelques lézards et fourmis rouges qui faisaient la sieste entre les cailloux.

Un groupe de jeunes filles, le rire sur le visage et des vêtements clairs sur le corps, allait je ne sais où et s'arréta. Il n'est pas défendu d'ignorer les patois italiens, et je ne compris guère autre chose que leur question de savoir qui j'étais. Je répondis que j'étais Français. Cela ne parut point éveiller d'autres sentiments que si je me fusse annoncé Mongol ou Groënlandais.

Vous voyez que dans ce pays-ci l'on ne s'inquiète guère des grands problèmes d'alliance ou d'inimitié. Il n'en faut pas conclure à l'indifférence. Si quelqu'un s'avisait de tourmenter ces excellents campagnards, quelle que fût sa nationalité, je crois bien qu'ils se retrouveraient les drilles dont P.-L. Courier, pour le citer encore, nous enseigne qu'ils faisaient rôtir leurs prisonniers le plus doucement possible.

A Lecce, ville capitale et chef-lieu agricole, j'eusse bien voulu contempler à loisir la façade de l'extraordinaire église, dont on peut dire qu'elle est du style rococo flamboyant. J'eusse aimé prendre un peu d'ombre sur la placette aux grands arbres, et flâner dans les rues sonores où les fenêtres étaient garnies de visages beaux, mûris par la généreuse chaleur. Mais il fallut subir le calvaire haletant des visites, le chapelet des poignées de mains inconnues et moites.

Au passage, près de la poste, je vis une plaque commémorative apposée sur un mur. La curiosité du voyageur m'en rapprocha, et je lus qu'elle était mise là en souvenir et en gratitude du grand écrivain français, Paul Bourget, dont les Italiens eux-mêmes, délicats sur le chapitre de la louange, n'avaient point jugé inégal à ses splendeurs l'éloge qu'il burina de l'Apulie... De telles rencontres, et inat-

tendues, donnent une bouffée de joie au
passant, et, sans en rien dire, il remercie
également celui qui les prépara et ceux
qui les rendent possibles.

Vers le soir, pendant que le soleil décli-
nait dans un poudroiement rouge, nous
nous retrouvions à Otrante, brisés, recrus
de chaleur et de paroles. Notre automobile s'arrêta devant un petit monastère, et
par la porte entr'ouverte, j'aperçus un
minuscule jardin dont les arbustes et les
fleurs se penchaient vers un jet d'eau.
Quelques arcades l'entouraient. Cela res-
pirait la fraîcheur, le silence et surtout,
oh! surtout, la solitude.

Je m'y glissai sans bruit, refermai le
portail et m'en fus sur un banc de pierre
respirer sans compagnon le frêle parfum
des fleurs. C'est alors que j'aperçus l'hôte
de céans, une manière d'ermite, qui, à
pas furtifs, mettait de l'ordre au fond du
jardin dans ses parterres et pelouses. Il
me vit. Il me fit la discrétion de n'approcher point, sauf pour mettre à côté de

moi, sans parler, sur le banc de pierre, un grand verre d'eau fraîche et un petit bouquet de roses. Il retourna vers ses fleurs, et je m'en allai quand je voulus, bien après le coucher du soleil, dans le silence de la ville où tout le monde dormait déjà.

De très bonne heure le lendemain matin, afin d'éviter un concours de gêneurs, mes compagnons et moi, nous faufilons de l'auberge où les moustiques et autres camarades de chambre se sont ingéniés à tenir nos yeux ouverts pendant la nuit étouffante. Mais il n'est point de secret pour les petites villes, et, avant même que j'aie envoyé les télégrammes officiels annonçant notre départ pour Santa-Maria-di-Leuca, tous les coryphées d'hier se retrouvent à nos talons. La curiosité d'un spectacle unique et gratuit l'emporte sur l'indolence. En grand cortège tumultueux, enfants mal réveillés, fillettes et jeunes filles aux coiffures roulées d'un coup de pouce, pêcheurs plus silencieux, nous accompagnent sur la pente aux grandes dalles jusqu'à la plage de varech odorant.

Notre avion flotte à quelques mètres du rivage, mouillé sur son grappin. Il est tout lustré des rosées de l'aurore, et se balance aux insensibles ondulations de la mer encore endormie. Ses cocardes tricolores, sa carène gris d'acier, son entoilage verni, et le double point d'exclamation de son hélice, constituent un personnage surprenant dans la petite crique italienne.

Une fois encore, et avant de nous embarquer dans le petit bachot qui va nous conduire jusqu'à lui, nous admirons ce merveilleux jouet d'air, de mer et de combat. L'on ne se fatigue jamais des belles choses, heureusement dessinées pour un but noble; l'on acquiert, pour elles, de l'amour, lorsqu'elles sont des véhicules de volupté et des menaces de mort. L'avion est notre suprême réussite à faire osciller l'homme entre celles-ci et celle-là.

Au revoir, petit peuple accueillant, paresseux et pacifique. Vos vivats sont déjà couverts par le ronflement de l'hélice, et en moins d'une minute notre avion nous arrache de ce petit havre, votre vaste monde. Nous vous avons promis tout à l'heure de passer au-dessus de vous en remerciement de vos câlineries un peu fastidieuses; nous voici déjà parcourant la première orbe de montée qui surplombe vos toits, votre église et vos visages. Nos regards traînent jusqu'à vous comme des serpentins déroulés et obliques, et déjà nous piquons vers le sud, au milieu des chauds tremblements qui montent de votre terre brûlée.

Hier, sur la route nue, l'on ne voyait point la mer double qui pose du bleu sur chacun des côtés de la blanchâtre Apulie. Mais, maintenant, nous la voyons comme sur un atlas; ce long doigt de terre s'effile au-dessous de nous. A la pointe de son angle un phare, mélancolique et solitaire, dernier œil de l'Europe sur la Méditerranée centrale, nous indique Leuca où nous voulons amerrir.

Que de fois, aux âges lointains et presque héroïques du début de cette guerre, n'ai-je point cherché les lueurs de ce phare pendant l'éternelle patrouille de mon croiseur.

Tantôt aveugle, tantôt clignotant, il a représenté pendant d'innombrables heures la seule chose vivante pour l'officier de quart du *Waldeck-Rousseau*... Par une triste nuit de lune éblouissante, notre croiseur camarade, le *Léon-Gambetta,* trébucha tout près de lui, sur l'onde où l'on ne peut s'appuyer... Le phare de Leuca ! souvenir nostalgique de tous les marins de France !

Ce matin, il est gracieux et appeleur ; blanc vers le soleil, noir vers l'ouest, il coupe l'onde d'un double trait fin. Sur notre droite, ouverte comme une morsure dans une tranche de pain, la baie de Tarente s'arrondit. Si le temps le permet, nous irons ce soir rendre visite à l'escadre italienne mouillée à Tarente ; notre randonnée a pour but de rechercher, tout autour de l'Apulie, des mouillages d'abri contre les vents qui soufflent du sud, de l'ouest ou de l'est, et Tarente sera le troisième.

Nous voici juste au-dessus du phare; il semble écrasé sur le sol et réduit à la projection de sa tête. A sa base, une anfractuosité du rivage montre quelques maisons piquées sur du sable. C'est l'escale. Nous descendons.

Avant d'amerrir, l'avion fait de grands lacets aériens pour que nos yeux n'oublient nul canton de l'immensité maritime. Il ne faut point descendre avant la certitude que nos bombes ne pourraient pas inquiéter un sous-marin, ou que nos yeux ont négligé quelque aventure navale.

Mais il n'y a rien, que du soleil qui s'éclabousse sur de l'onde sans mystère. En quelques instants, nous avons touché l'eau de Leuca, et notre étrave fait soc dans le sable de la berge.

Ici, point d'accueil. Les cabanes de pêcheurs sembleraient mortes, si nous n'apercevions derrière les vitres des visages anxieux. Sur une sorte de promenade commençant et finissant dans la dune, quelques villas balnéaires, un casino en stuc effrité, montrent des fenêtres closes. Pas un être vivant n'apparaît. Nous sautons sur le sable, et nous livrons à l'habituel examen des détails de l'avion. Tout est bien. Pendant que nous échangeons les propos techniques, de toutes ces maisons vides sortent un à un, timidement d'abord, et puis s'enhardissant, les indigènes du hameau.

Quand nous nous retournons, la plage est animée, à la limite des algues sèches de la haute mer, par un groupe compact de spectateurs attentifs. Je me dirige vers eux ; ils reculent. Mon sourire, notre allure innocente n'y font rien. Dieu me pardonne ! nous prendrait-on pour des Autrichiens ? La distance pourtant est bien grande de Cattaro jusqu'ici ! Mais n'ai-je pas vu, à Rome même, les lumières couvertes et toutes dispositions prises contre une aviation qui n'ira certes jamais accomplir six cents kilomètres à l'aller et six cents au retour!...

A tout prendre, c'est là raisonnement de technicien, mais l'aviation, pour les masses, est pleine de mystère et de possibilité parfaitement irréalisables... Indécis devant cet accueil, piétinant le sable, étudiant les visages de mes antagonistes, je me persuade que nous figurons pour eux l'hôte inconnu, l'ennemi.

Par bonheur, débouchant d'une traînée de sable entre deux rangées de maisons, la principale rue de Leuca, survient au petit trot un personnage replet et recuit, qui brandit un télégramme. C'est le syndic de Leuca. Il vient de recevoir avis de notre escale, crie à tue-tête : « Ami ! Français ! Allié ! Français ! » et tombe dans mes bras.

Cette accolade nous confère le titre d'hospitalité. Mes indécis de tout à l'heure se précipitent sur nous en vociférant, et, comme des mouches sur du sucre, entourent l'aéroplane qui courrait grands risques d'être déchiqueté, si nous n'avions pris la précaution de le repousser hors d'atteinte, au bout de son grappin.

Le syndic est un mobilisé. Dans le civil, il appartenait à une firme sucrière d'Égypte, et parle un français convenable. Non sans honte, mais avec bonhomie, il me demande pardon de la défiance qui a pu nous offusquer. Nuls esprits ne sont plus habilement tournés aux souplesses oratoires que ceux des descendants de Cicéron, et j'aurais eu bien mauvaise grâce, ayant été pris pour un Autrichien, à ne point respirer avec plaisir l'encens que recevait le Français. A titre réciproque, je livrai à mon complimenteur les dernières nouvelles d'Otrante, la gazette provinciale, achetée hier à Lecce, oubliée dans ma poche, et qui montrait, avec quarante-huit heures d'avance, les télégrammes Stefani ou Reuter.

Otrante, hier, était au bout du monde. Que dire de Leuca, où quelques pêcheurs inclinés sur la mer immense semblent

tourner le dos à l'Europe et à l'univers?
Nous y ressemblons à quelques voyageurs
arrivés de Sirius, et apportant les informations de la politique interstellaire. Cela
n'intéresse pas.

De même, les questions que l'on nous
posait sur notre aéroplane, notre vitesse,
nos records, que sais-je,... dépassent in-
commensurablement la cocasserie des
interrogatoires des Français nos spécialistes. Les Caraïbes apercevant les compagnons de Colomb, bardés de fer, hissés
sur des chevaux et tuant les hommes avec
du bruit, durent connaître la qualité des
émotions que nous plantâmes chez les bons
pêcheurs de Leuca.

Pourtant, ces ingénus méritent la louange
des marins et la gratitude des Français.
Au matin de la nuit sinistre à quoi je pen-
sais tout à l'heure, ils allèrent à force de
rames sauver les matelots du *Léon-Gambetta*, gorgés d'eau et prêts à ouvrir les
mains sur les fétus de bois qui les avaient
soulagés... Leurs yeux fraternels, habi-

tués à suivre entre deux eaux les jeux du poisson qu'ils traquent, surent y découvrir la dépouille des Français qui descendaient mollement vers la sépulture des grands fonds. Leurs soins pieux les recueillirent et leur donnèrent tout au moins des tombes immobiles.

A quelques kilomètres de Leuca, je m'en fus au pèlerinage du cimetière du *Gambetta*. En un petit enclos, où les arbres mortuaires n'ont pas encore eu le temps de croître, les marins français dorment tous, presque aussi pressés qu'au sein de leur hamac, dans le grand croiseur de métal.

Entre toutes les nécropoles éparpillées sur les continents, il n'en est pas de plus poignantes que celles des cités maritimes. Le plus sceptique des visiteurs ne peut se retenir de s'incliner devant les énigmes du destin, lorsqu'il parcourt les rangées de cénotaphes vides, lorsqu'il lit les commémorations des marins disparus et à jamais introuvables. Mais quel cimetière dépassera jamais le tragique de celui du

Léon-Gambetta. Il est hors de tous les chemins. Il repose entre la mer, le sable et les oliviers. Il ne recevra jamais d'autres hôtes que les torpillés de la nuit fatale. Avant quelques saisons, la pluie et le soleil auront effacé les noms de France peints sur les croix, et, quand les grands cyprès seront d'âge à donner de l'ombre, aucun passant ne se souviendra du drame qui les aura plantés.

Triste pèlerinage, rendu plus cruel par la réflexion qu'un hasard atteignit le croiseur proche et non le mien! J'aurais pu être ici, et un marin pensif, à ma place, se fût penché vers ma tombe anonyme déjà. Et il s'en fût allé, tout comme moi, sourd aux propos du syndic bavard, qui ne pensait plus qu'à me faire faire la tournée du touriste.

— Venez avec moi jusqu'au phare. Nous grimperons à la lanterne et vous verrez le plus beau panorama du monde.

J'y fus. Pendant l'ascension jusqu'à la falaise, les cailloux brûlants roulaient sous les semelles, chaque herbe remuée lâchait un pompon de poudre et il faisait chaud à périr. Au pied du phare, devant la petite porte noire comme une serrure où aboutissaient les marches de pierre, mon syndic, souriant, me dit :

— Montons!

Je montai… Au delà d'une certaine fatigue, il n'importe plus de compter les centaines de marches. Deux, trois ou quatre ne font rien à l'affaire. L'on tourne mécaniquement autour de l'axe central en pierre, l'on se racle les coudes aux parois trop resserrées, l'on pense à des légendes du moyen âge : souterrains, escaliers dans les murs, oubliettes; cela sent le renfermé des pierres sèches au dehors et suintantes à l'intérieur.

Au début du dernier étage une sorte de hublot s'ouvre lentement sur du ciel, et enfin, tout d'un coup, la dernière marche vous dégorge dans le vide : une simple balustrade en dentelle vous sépare de la chute et de l'écrasement.

— N'est-ce point beau? N'est-ce point élevé? C'est un spectacle unique!

Mais non! pauvre syndic! nous faisons mieux maintenant. Pendant que tu disloques tes genoux pour te hisser péniblement un peu plus haut que la cime des arbres, nos avions élastiques, sur les ressorts légers de l'air, nous emportent au niveau des montagnes et nous montrent la mer, la terre et toutes choses comme les voient les grands oiseaux libres qui trébuchent en touchant le sol.

— Descendons!

Revenus sur la falaise, je n'avais plus d'autre souci que de rentrer à Leuca, et, dans la demeure ombreuse du syndic, d'attendre que le flamboiement du soleil se fût un peu calmé... Le syndic, me tirant par la manche, voulut à toute force me montrer la chapelle de Santa-Maria-di-Leuca, toute proche du phare. J'y mis la plus mauvaise volonté possible. Il fallut pourtant m'exécuter.

— Venez voir, seigneur capitaine! C'est

le plus illustre pèlerinage de l'Italie. Vous n'en avez point de semblable en France!

J'entrai dans le petit sanctuaire, n'attendant point d'y voir autre chose que les humbles et déchirants ex-voto maritimes, les mêmes que l'on rencontre à Notre-Dame de la Garde, à Notre-Dame d'Auray, et en tant d'autres confessionnaux du danger. De fait, les murs portaient des dessins naïfs de goélettes et de boutres, des plaques de marbre, de bois, de carton, marquées d'un nom et d'une date. Libre au visiteur de reconstituer les innombrables tragédies sans histoire.

Mais autour de la Vierge de Leuca, la patronne du petit pèlerinage, peinte de couleurs vives comme la mer qui l'entoure et le ciel qui la couronne, autour de l'enfant bariolé qu'elle porte sur son sein, je vis la plus extraordinaire correspondance entre les hommes et la divinité. Par centaines et par milliers, des cartes postales, des billets venus du front italien, piqués sur tous les ornements de bois ou collés à la pierre, apportaient à Marie et à Jésus de Leuca des remerciements ou des vœux. Les adresses en étaient directes, comme à des personnes avec qui l'on a des rapports d'amitié.

« A madame Marie, vierge de Leuca. »

« A la très sainte et très illustre sainte Marie de Leuca. »

« A ma très fidèle amie et patronne Marie. Chapelle de Leuca-Santa-Maria-di-Leuca. — Apulie. »

« A Marie, pour l'enfant Jésus. — Leuca. »

Il y avait sur le carton le timbre des armées, le nom du soldat et de son unité, et le grand cachet humide : « Vu par la censure militaire. » C'étaient des gratitudes comme on en peut adresser à un lieutenant ou à un général, des suppliques que l'on eût pu décerner à un parent, à un médecin tout-puissants :

« Merci pour m'avoir protégé pendant la dernière bataille. »

« Merci pour ma dernière blessure, qui va me faire réformer. Je tiendrai ma promesse parce que je ne suis pas trop blessé. »

« Fais-moi donner une longue permission, et je te donnerai un grand cierge. »

« Fais ouvrir les yeux à mon dernier enfant, pour qu'il me reconnaisse à ma prochaine permission. »

Chacune de ces requêtes est naïve, un peu cynique. C'est la suppression de la hiérarchie administrative. Tandis que, sur le Carso ou l'Asiago, l'humble bersaglier attend les interminables délais officiels de sa permission ou de sa réforme, il suppute l'heure où sa carte postale aura atteint la ·Vierge de Leuca, et, si l'intercession se fait trop attendre, regrette de n'avoir point majoré l'aumône promise... Chaque pays possède sa forme de croyance.

*
* *

Vers le soir, au lieu des promesses d'un beau temps qui nous eût permis de voler jusqu'à Tarente, les mauvais présages s'accumulent. Le ciel prend une teinte vilaine, lie de vin, marbrée de vert; des souffles courts et froids coupent la torpeur suffocante de l'atmosphère; de petits clapotis, casqués d'écume, naissent et meurent sur l'onde encore plate à midi. C'est du mauvais temps au large, ou de l'orage pour la nuit.

En ces pays extrêmes, les humeurs météorologiques vont vite. Nous ne pouvons point songer à Tarente, où notre avion sans abri, ancré près d'une berge, serait avarié ou détruit par un quart d'heure de ressac. Nous ne devons point, non plus, tarder à partir, car le clapotis se gonfle en houle, et, avant une heure, les grandes vagues nous empêcheraient d'appareiller.

La décision est vite prise. Les adieux, les au revoir sont prompts. Nous ne promettons point de survoler le hameau, car il faut joindre Corfou au plus droit, au plus tôt.

Le départ est dur, éclaboussant. Peudant le glissement préliminaire, chaque vague nous heurte comme un marteau, nous arrête, et retombe en avalanche sur le moteur qui grésille, sur les plans qui crépitent. Aveuglés d'embruns, coiffés d'eau, mes compagnons et moi nous tenons presque debout, offrant l'épaule aux douches qui ruissellent et s'amassent au fond de la carlingue. Chaque retombée dans les creux d'eau, verts et voraces, nous rejette sur le bois dur qui blesse. Persévérant, l'avion repart sur les crêtes ; il frémit et s'évertue comme un oiseau, pris au filet, et qui use plumes et muscles pour conquérir sa délivrance.

Enfin, pendant une accalmie brève, l'élan procure aux ailes leur pouvoir de sustentation, et un bond léger nous décolle... Juste au-dessous de nous, les crêtes de plus en plus blanches essayent de nous accrocher ; au large, la mer monstrueuse n'est déjà qu'un chevauchement d'ourlets qui brisent... Mais nous sommes saufs. Le monstre ne nous dévorera point cette fois-ci. La colère des eaux n'a pas encore envahi l'air, et l'hydravion monte allégrement sur une brise douce, inquiète un peu, mais à peine préoccupante.

Nous ne gaspillons point de temps à une inutile ascension. Quelques centaines de mètres nous suffisent, juste ce qu'il faut pour distinguer, au départ de Leuca, les hauteurs de Corfou dont cent cinquante kilomètres nous séparent. Aussitôt qu'apparaît, rasant l'eau, la table du Pantecratôr, l'avion prend son vol horizontal, et, sans dévier d'une ligne, franchit le désert liquide.

L'étendue tout entière prend des teintes détestables. Les verts et rouges du ciel se corrompent en mordoré, en olive aux nuances pourries. Le fond en est d'étain, d'un étain sali par des eaux stagnantes. Cela ressemble à un nuage dont les bords ne seraient pas encore formés. Mais il n'y a, dans le firmament, qu'une seule nuée concrète. Elle est toute petite, ronde et marbrée ainsi qu'une orange corrompue.

Elle paraît quelques instants, comme pour tâter l'atmosphère et décider par son exemple de gros cumulis d'orage. Et puis, dépitée d'être seule, elle s'évapore tout soudain, pour renaître presque aussitôt, à quelques lieues de là, dans un espace plus tentant.

Tout autour et plus bas, la mer est blafarde, blanc et vert bouleversés dans du gris. Mais juste au-dessous de nous, les enchevêtrements des lianes d'écume s'entrelacent, comme un rets qui attend une chute afin de paralyser. Si nous tombons là, dans le vide de tout secours, nul ne saura jamais où ni comment nous disparûmes. Dieu merci! le moteur précieux ne faiblit pas; nous n'entendons aucun de ces courts hoquets préliminaires de panne.

D'ailleurs, Corfou se soulève sur l'horizon, à mesure que notre hélice enroule les kilomètres sur la pointe de ses ailes. Fano, Vido, la fumée des navires, tout se dessine et sort du néant, comme l'image photographique dans un bain révélateur...

Il n'est que temps!... A toute distance, les monts d'Albanie flamboient sous les éclairs précipités; vers le sud, à peine émergées de l'horizon, des phosphorescences traînent, et le formidable poitrail d'un nuage d'encre, vomi par la mer, commence à grimper là-bas, avec sa charge d'ouragan. La petite nuée de tout à l'heure, à force de solliciter, agglomère sur son contour des bourrelets repus de pluie et de tonnerre. Des bouffées de vent, brèves comme un asthme, claquantes comme un fouet, poignent l'avion qui vacille.

La bourrasque se nourrit. Quand va-t-elle se lâcher? C'est une question de minutes. Qui va gagner, du vent qui galope ou du moteur qui halète? Par précaution, l'avion descend pour ne point perdre une seconde à l'amerrissage. Il rase les oliviers et les cabanes de Corfou. Tourmentés par l'orage et effrayés par l'hélice, les troupeaux se sauvent éperdument. Les pâtres tendent la main aux premières gouttes de pluie. De puissants coups de pompe tirent et refoulent l'avion, le font pencher comme plume perdue. Au moment où, dans une descente plaquée sur l'eau, il reçoit la grande gifle éclaboussante de l'arrivée, le ciel se déchire par un éclair fauchant, et l'impétueux aquilon, enfin déchaîné, effeuille et ploie les branches des oliviers robustes.

Sicile-Bizerte-Gabès. — Été 1916.

Afin d'étendre le réseau de sa surveillance aérienne, de protéger mieux les navires et d'inquiéter davantage les sous-marins, la marine française met sur pied une grande organisation de ballons dirigeables. Il lui faut des pilotes. Elle fait appel aux bonnes volontés de ceux qui, avant la guerre ou depuis, ont fréquenté l'atmosphère.

C'est ainsi qu'abandonnant les avions, je quitte Corfou et vais en Tunisie, où un centre de dirigeables nouvellement créé va surveiller l'étranglement de la Méditerranée centrale. Sauf la communauté aérienne, il est bien des différences de l'avion au dirigeable, et, avant de commander un centre de ballons pour des œuvres militaires, je dois prendre le brevet de pilote. Si la guerre n'eût point éclaté, je l'eusse acquis dans l'été de 1914.

Adieu donc à Corfou et à tout l'Orient ! Adieu aux avions qui sur la mer Égée ou la mer Ionienne m'ont transporté d'escales antiques en escales modernes.

Un circuit caboteux, allongé par les difficultés de la guerre, me fait franchir le canal d'Otrante, la Calabre, le détroit de Messine, le nord de la Sicile, le détroit thyrrénien, et aboutir à Tunis la Blanche.

Ce voyage aux innombrables haltes, fertile en épisodes, suffirait à remplir bien des pages d'une relation pacifique. Mais il faut brûler les étapes. Plus tard, quand les souvenirs se réuniront à loisir, les acteurs de cette guerre pourront s'attarder aux anecdotes de la route. Présentement, tout va trop vite.

Pourtant, je ne fusse jamais sorti de Palerme, sans la rencontre singulière que j'y fis. Le paquebot pour Tunis en partait à minuit; j'étais arrivé dans la ville à six heures du soir, après la plus effroyable pérégrination de lenteur, d'étouffement et de moustiques, dans le train du nord de la Sicile.

A cette heure, tous les bureaux étaient clos. L'on ne délivrait plus de billets; l'on ne visait plus les passeports; j'étais arrêté, impuissant, dans une ville inconnue, avec la perspective d'y être bloqué huit ou dix jours, sinon quinze, puisque aussi bien tous les transports sont raréfiés par la guerre.

Mélancolique, je dînais donc dans le jardin d'un restaurant où m'avait attiré la musique d'un quatuor de cordes. Aux prises avec une formidable assiette de macaroni serpentins, je me demandais quelle solution il convenait de prendre : embarquer sur quelque voilier caboteur de Sicile, et risquer, en cette période de calme plat, de ne toucher la Tunisie qu'après plusieurs semaines de navigation; ou bien regrimper tant bien que mal toute l'Italie, risquer ma chance à Marseille, et arriver également en quelques semaines à **Bizerte**. C'était un coup de pile ou face, et j'appelai à l'aide le Dieu des voyageurs.

Il se présenta sous la forme de mon voisin de table, qui entendit mes difficultés avec le garçon, à l'heure du règlement, sur des questions de change. Ce voisin me proposa ses offices, et comme il m'apparut que sans lui j'eusse été copieusement volé par mon faquin, je n'hésitai point à lui confier mes embarras.

Mon sauveur dissimulait sous un costume bourgeois sa qualité d'officier de marine. Nous échangeâmes les propos habituels aux voyageurs nautiques. Il s'appelait Faraone. Il avait été en Chine : moi aussi. Il y avait été en 1906 : moi aussi. Il avait séjourné à Han-Kéou : moi aussi. Il y avait connu le consul de France : moi aussi. Il se souvenait d'une certaine fête au consulat, où, pour faire de la place

aux quelques couples européens qui désiraient danser, un officier de marine français l'avait aidé à tirer le piano dans un
coin. C'était lui et c'était moi.

Je passe la causerie. Elle ne fut point
indigne de la collection des souvenirs,
agréables ou tristes, que les voyageurs
rencontrent aux étapes les plus inattendues. Mais cet excellent Faraone, que je
remercie céans, me rendit sans mar-
chander le coup de main que je lui avais
prêté sur les rives du Yang-tsé-Kiang.

Il n'était pas loin de dix heures du soir ;
le bateau quittait Palerme à minuit ; avant
dîner l'on avait repoussé toutes mes tentatives… Comme en un conte de fées, au
moyen du téléphone et d'une automobile,
Faraone réveilla douaniers et contrôleurs,
inspecteurs et employés. Tous ceux qui
m'avaient reçu fraîchement, sur ce ton
satisfait du fonctionnaire qui évacue le sol-
liciteur après la fermeture des guichets, je
les retrouvai souples et implorants. Faraone devait être un bien grand manitou,

car, lorsqu'il se prenait à sermonner les résistants, — ce qu'il savait faire dans une langue fort riche, — la tête leur rentrait dans les épaules et leur signature trottait sur le papier.

A minuit tapant, comme la chaîne du paquebot commençait à racler l'écubier, Faraone me poussant aux hanches me fit grimper l'échelle. Je tombai sur le commandant en second. Celui-ci commença de m'adresser les épithètes truculentes dont on pourvoit les malfaiteurs, quand le visage de Faraone et son verbe impérial transformèrent instantanément l'invective en courbette.

Par un miracle égal, et également mystérieux, tous mes bagages arrivèrent à la queue-leu-leu, je ne sais d'où ni comment; la cabine de luxe me fut attribuée; trois garçons, précédés du maître d'hôtel, m'offrirent les clefs, le pain et le sel, et, pendant toute la traversée, je fus pomponné ni plus ni moins qu'une Altesse Sérénissime.

**
* *

Après les oliviers de Corfou et d'Apulie, les aventures de Calabre et de Sicile, voici donc les palmiers et les chameaux de Tunisie, les moricauds de Bizerte, et le grand hangar pour dirigeables de Sidi-Ahmed... Ce hangar est vide. Quelque mauvaise aventure aérienne a obligé de dégonfler son ballon, de l'envoyer en France pour réparations, et il ne semble point que ce soit de sitôt que je puisse survoler en dirigeable les côtes tunisiennes.

Par un de ces nouveaux hasards qui ne paraissent pas vraisemblables et cependant sont vrais, je retrouve à Bizerte le bon pilote d'avion qui me fit, en Macédoine, visiter à leur niveau les séjours olympiens des dieux... Je l'avais revu à Corfou... Dans l'intervalle, il avait eu mainte aventure. L'horaire de nos deux vagabondages coïncide à nouveau dans la même halte. Puisque à tout prendre il me faut attendre le retour du ballon malade, je décide et obtiens d'accompagner mon ami le pilote dans une tournée qu'il va faire au sud.

Ce n'est point, d'ailleurs, une excursion de plaisir. Mon ami va poursuivre, auprès de l'aviation militaire que l'armée française installe aux confins du désert, cette même mission d'aérologie qu'il effectue depuis plusieurs mois dans les centres méditerranéens.

Une fois en règle toutes les autorisations, nous quittons Bizerte intenable pendant cette canicule, et plongeons au sud, dans des trains plus brûlants que des calorifères, jusqu'au terminus de la voie ferrée vers le désert. A mesure que nous descendons, la riche Tunisie, grenier de la Rome antique et récent jardin de la France, montre des étendues de plus en plus incultes. Près de Tunis, elle est comme elle fut sous les empereurs romains. Vers la Tripolitaine, elle est stérilisée par plusieurs siècles de vasselage musulman. Dans l'intervalle, nous voyons toutes les étapes où trente ans de suzeraineté française ont suffi à la rendre fertile.

Par endroits, à travers les glaces du wagon, jaunies par la poudre, nos yeux fatigués de chaleur et de miroitements se reposent avec plaisir sur de grands carrés d'oliviers ou de vignes, vastes comme des cantons de France, et séparés du désert par des traits rectilignes. Là où notre empreinte a marqué, c'est la verdure et la richesse. De-ci delà, de majestueuses ruines romaines accompagnent le voyage : aqueducs, thermes, ou cirques. A vrai dire, elles fourmillent sur tout ce territoire tunisien.

Combien puissante devait être cette domination romaine, qui, sur les sables de Tunisie, a campé des Colisées et des Forums. Ils sont là, demeurés intacts au milieu des sables, inattaqués par le temps et la pioche des hommes. Tout le reste, qui représentait la vie et la fécondité, a été rasé par le Coran. Aujourd'hui, quelques misérables va-nu-pieds en burnous, quelques bourricots étiques, accroupissent leur dénuement ou allongent leur carcasse au pied des murailles altières que franchirent les Impérators. Soyons fiers. Avant peu d'années, la France, digne héritière de Rome et plus rapide qu'elle, aura replanté autour de ses monuments des rues tumultueuses, des jardins odorants et des populations.

A Sfax, les trains s'arrêtent, et l'incertude règne pour les voyages vers le désert. Nous aurions pu demeurer longtemps, si nos camarades de Gabès ne nous avaient dépêché une automobile. Cette voiture sert de courrier officiel et vient de temps en temps toucher la dernière ville de civilisation, pendant quelques heures, pour repartir en grande vitesse vers l'immensité des sables et des caravanes. Elle nous emporte.

Droite pendant des lieues, des lieues, et encore des lieues, dure et belle comme savent en faire les terrassiers de France, la route coupe le désert de son trait inaltérable. La pelle et la pioche des joyeux l'ont construite. Il semble qu'elle ait été faite pour les voluptés automobiles.

A toute allure, tous les gaz au moteur, et l'accélérateur poussé à fond, l'on va sur une piste aussi nette que de la glace bombée. Tout au plus, chaque dix ou vingt kilomètres, rencontre-t-on une troupe de chameaux podagres, conduits par un enfant qui va de quelque oasis à quelque gourbi.

Plein d'hérédité africaine, le chameau n'a point encore appris ces règles de la route qu'ont acquises en France les chevaux, les chiens et les chats, et que, malgré leur bêtise, les poules commencent à connaître après maint écrasement par pneumatique. Il se trouve toujours quelque chamelon plus particulièrement rétif qui se met en travers de la route et y piétine. Les appels de trompe, les coups de gourdin du cornac, les insultes des civilisés suspendus dans leur course, n'y font rien. Il faut que l'Arabe tire l'obstacle par le bout le plus sensible, tête ou queue suivant le cas… Aussitôt après, un coup de manette lance la voiture, pour un ou deux myriamètres. Voici des sensations uniques, rectilignes : de la vitesse et le champ libre à cent kilomètres à l'heure.

Comme nous nous enfonçons au sud, comme nous approchons de Gabès, l'air brûle de plus en plus ainsi qu'en un four de boulanger. L'on dirait un chalumeau de soudure qui sèche le front et les lèvres et fait monter dans les narines une odeur de poivre. Le ciel est sang de bœuf. Un grand coup de siroco se lève. Les pneumatiques se gercent, et nos cheveux flottent comme des poils de chat électrisé. De minute en minute nous repoussons les rideaux de cette fournaise, et, arrivant à Gabès au crépuscule, nous nous arrêtons dans un délire de chaleur et de lumière écarlate.

L'on nous attend. L'on nous accueille. En quelques instants, nous sommes menés jusqu'à la plage, le seul coin où quelque fraîcheur surgisse de l'eau pourtant visqueuse ; là nous subissons les présentations à toute la colonie française, aux baigneurs et aux baigneuses à moitié morts de chaleur malgré leur immersion vespérale. Et puis, très tard dans la nuit, un souper d'exilés se prolonge à la popote du centre d'aviation.

En France, cette salle à manger eût été trop petite pour deux convives, nous y tenions quatorze ; entre la table et les murs, il y avait de la place pour les maigres, mais les gras frottaient du dos. Les moustiques étaient de la fête. La chaleur aussi. Et la bonne humeur encore. Avant le rôti, nous étions au courant de tous les potins de Gabès, et les potins de pays chauds sont prolifiques comme les forêts vierges. Au dessert — un dessert composé de fruits très secs de France et de fruits juteux de Gabès — nous étions retombés sur les thèmes d'aviation. Mes hôtes arrivaient des fronts de France, où ils avaient acquis blessures, chevrons et gloire, et se préparaient à survoler ce front perdu de Tripolitaine, le seul peut-être dont on n'ait jamais parlé.

Oui, l'on n'en a jamais parlé. Et pourtant, voici douze mois, mon croiseur, et bien d'autres croiseurs, ont transporté dans ce pays d'enfer les officiers et les troupes destinés à arrêter au bord de notre Tunisie l'invasion des tribus tripolitaines qui prétendaient franchir notre frontière à la suite des Italiens qu'elles avaient chassés.

Je me souviens de ces voyages, où nous embarquâmes des nègres fidèles et naïfs, recrutés à Tombouctou, au lac Tchad ou au Congo. Ce serait un bien grand chapitre de revenir sur tout cela, de redire les tragédies de la frontière tripolitaine. Nul n'en a jamais parlé. Je ne commencerai pas. La France a tort de cacher les innombrables manières dont elle aura été sublime depuis l'année 1914.

Exilés en première ligne du désert, mes hôtes montraient ces étonnements sur lesquels nous autres marins sommes blasés par profession. C'étaient des hommes sans peur, après avoir connu toutes les occasions d'avoir peur ; ils transportaient dans l'oasis la témérité des tranchées. Mais ils ne connaissaient pas la nouvelle aviation qui allait être leur privilège.

Ils arrivaient de lieux où les états-majors, les photographes aériens posent sur des cartes minutieuses les objectifs qu'il faut atteindre. Ils ne savaient pas encore que le désert, ses infinies ondulations semblables à des vagues, son immensité dépourvue de tous repères, contient autant de traquenards mortels que la mer au-dessus de quoi je viens de voler.

Cartes en main, nous en discutâmes. Ils avaient survolé les lignes françaises ou germaniques, semées de routes, de clochers, de rivières et de gares. A la suite de cet entraînement, ils s'imaginaient connaître tous les mystères de l'entreprise aérienne. Après quelques questions serrées, précises, ils comprirent que l'avion lancé sur le désert doit y chercher des phares, tout comme l'hydravion lancé sur l'eau. Parfois, ce phare est un palmier, ou une roche singulière, ou un lac desséché dont le sel miroite.

Mais si l'on se perd au-dessus du sable infini comme l'océan, si une panne oblige à atterrir sur cette étendue sans source ni nourriture, l'on est aussi perdu que l'aviateur marin qui tombe entre deux lames. Celui-ci meurt l'estomac et les poumons remplis d'eau salée. L'autre meurt la gorge suffoquée de sable, sans avoir jamais pu trouver le puits ni l'oasis... à moins qu'il ne tombe entre les mains des brigands du désert.

Et, à tout prendre, il vaut mieux être déchiqueté par les poissons instinctifs que par les bandits en burnous, surtout lorsque ces derniers ont reçu la culture allemande. Puisque aussi bien, ayant fait de la guerre leur industrie nationale, les forbans de Prusse l'ont colonisée par tout le monde : sur les terres fertiles d'Europe, sur les sables d'Asie et d'Afrique, dans l'air inculte et sous la mer stérile.

Nous causâmes longtemps tandis que le sirocco se faufilait dans notre salle surchauffée. C'était un entretien technique, où nul autre qu'un aviateur n'eût rien pu entendre. Mes hôtes étaient attentifs. De nombreuses années de navigation, de nombreux vols au-dessus de l'eau vide, me permettaient d'être leur mentor avant leurs terribles entreprises. Ils écoutaient attentivement.

Je sais que, depuis lors, quelques-uns se sont noyés dans les sables. Le caprice diabolique de leur moteur les enfonça dans cette mort; mais ils avaient bien écouté. A ceux-là, comme à tous les aviateurs anonymes qui se sont endormis sous les flots du sable ou de l'océan, il faut adresser le salut des braves.

L'Ile-de-France. — Automne 1916.

Attendre à Bizerte le retour du ballon malade eût inutilement retardé mon entraînement sur dirigeable et l'acquisition du brevet de pilote. C'est pourquoi, pendant l'automne 1916, me fait-on procéder à l'un et à l'autre dans l'école d'aérostation de Saint-Cyr, près de Versailles. Sous la férule de professeurs militaires, me voici devenu élève, après avoir été commandant. Une telle situation offre peu de plaisirs, mais la guerre justifie toutes épreuves, et il ne faut point imiter les grincheux de l'arrière, qui, n'ayant jamais rien risqué et ne prévoyant aucun risque, emplissent les échos de leurs plaintes ou de leur pessimisme.

Depuis l'origine de la guerre, c'est la première fois que je passe en France autre chose qu'une permission entre deux trains. D'ailleurs, je n'ai guère le temps de goûter les joies d'un pareil séjour. Dès les premières heures de l'aube jusqu'aux dernières clartés du soir, un entraînement intensif absorbe toutes pensées et écrase la bête; ascensions, théories, devoirs et examens pratiques. L'enseignement de Saint-Cyr est bien fait, de façon claire et française. Au sortir de cette rude période d'école, ce que les pupilles ne sauront pas ne vaut pas la peine d'être su, et les pilotes de zeppelins eux-mêmes n'en connaissent pas davantage. La France a le personnel; il ne lui manque que les zeppelins.

Voilà bien oubliées les illuminations et les glorieuses lumières de l'Orient ou de l'Afrique. La bruine d'ardoise, la boue jaunâtre, des aubes visqueuses accompagnent nos départs dans l'un ou l'autre des ballons : *Fleurus* ou *Lorraine*. Avant même d'affronter les froids de l'altitude, l'on est gelé et transpercé sur le grand terrain de manœuvre. A mesure que l'automne se mue en hiver, des verglas ou des neiges viennent gaufrer la campagne. Malgré l'accumulation des fourrures et des cuirs, les corps grelottent aux grandes altitudes, et l'on demeure longtemps, au retour, avant que le sang ait repris sa chaleur et le cerveau sa vivacité naturelles.

Et aussi, voilà terminées les navigations sur le vide des mers. A chaque fois que nous emportent les ballons légers, nous survolons cette Ile-de-France aux dessins exquis et aux accidents innombrables. L'onde anonyme est désormais remplacée par des bosquets heureux, des voies ferrées fidèles, et de charmants villages aux noms historiques et doux. De lieue en lieue, les jolis vallons et les molles rivières qui enchantent et arrosent le cœur de la France glissent paresseusement.

Parfois, de jour ou de nuit, le ballon vogue au-dessus de Paris, et il n'est point aisé de définir la multitude des sentiments à survoler l'incomparable ville. De son immensité aux toitures neutres, émergent les précieux monuments de son histoire et de ses fiertés. Vus d'en haut, ils n'imposent point par l'écrasement de leur masse, ni par des proportions démesurées. Ils sont posés heureusement, à l'endroit même où l'instinct des générations découvrit l'emplacement successif des belles choses; malgré la réduction des valeurs que subit tout paysage vu de haut, l'on ne trouve presque aucune faute. Les laideurs d'édilité, qui offensent les délicats de la rue, sont effacées par l'altitude. L'on ne voit plus que Paris autour de la Seine.

La Seine arrive des antiques collines gauloises, agrestes et fertiles; elle s'en va vers la mer de Normandie, seuil de richesses. Elle unit l'agriculture et le commerce, les deux mamelles de la France. Des unes à l'autre, elle se courbe, ni trop lente ni trop rapide, entre les Parthénons de notre patrie, Notre-Dame et le Louvre, l'Arc-de-Triomphe et les Invalides. Avant d'entrer dans cette ville bénie, elle s'attarde en quelques méandres, comme pour ne point user trop vite le plaisir et la fécondité de son passage; elle attend la rivière sœur, la Marne, qui vient apporter des confins de Lorraine et du sein de la Champagne la force des races robustes et les pétillements de gaieté des grands vins.

Après son passage, il semble qu'elle regrette d'avoir quitté Paris. En quelques aiguilles jointes, attardées, rebroussantes, elle voudrait revenir. Mais Paris l'abandonne, et elle ne côtoie plus que d'illustres faubourgs royaux : Sèvres, Marly et Saint-Germain. Enfin, l'autre grande rivière, celle qui vient des Flandres opulentes et de la Picardie plantureuse, l'Oise, vient lui donner un coup d'épaule et la rejette dans sa voie. Le beau fleuve majestueux et lent consent à quitter la province qu'il a rendue éternelle, et glisse avec regret jusqu'à l'engloutissement atlantique.

Du haut de la nacelle flottante, cette géographie épique se plante dans les yeux comme un portrait. Pour peu qu'on se souvienne de quelque lambeau d'histoire de France, l'on devine, l'on comprend, l'on sait dans le fond de son cœur que cette prodigieuse région fécondée par le sang de nos aïeux, couronnée par l'esprit qu'ils nous ont légué, demande que tout notre sang et notre esprit soient offerts pour son salut.

L'Ile-de-France n'est point autre chose que le merveilleux symbole de notre France tout entière. Quand le ciel est limpide, que nous montons très haut ou que nous descendons au sud vers la Beauce fertile, nous apercevons le liseré fin de la Loire, les premiers contreforts de l'agréable Maine et de l'Anjou riant, les derniers mamelons du Nivernais sylvestre ou de la robuste Auvergne. Au delà, sans que nous le voyions, mais ainsi que le sait notre amour de la patrie, serpentent deux autres beaux fleuves et mûrissent d'exquises provinces. Le Limousin des pâtures, la fructueuse Gascogne et le pays des Basques musclés, ou bien la Bourgogne vigoureuse, la Savoie alpestre et l'odorante Provence. Au-dessous de nous, les routes pâles et les doubles voies ferrées conduisant le regard vers ces membres précieux de l'inaltérable statue française. Et quand elles ont disparu sur les confins de l'horizon, l'esprit continue leur trajet et le cœur son action de foi.

Pendant ce temps les moteurs tournent et le dirigeable se balance aux remous atmosphériques. Pour le maintenir à la route et à la hauteur qu'il faut, les yeux se fatiguent et les muscles se crispent, et, dans la lutte sans arrêt contre les caprices aériens, l'on éprouve quelquefois d'infinies lassitudes. Mais, qu'importent ces moments de fatigue dans le vent, le froid ou la neige. Ils ne sont qu'un instant perdu dans l'effort de la France; l'on se roidit et persévère, ainsi que le font tous ceux qui doivent la sauver.

Nous tous, élèves ou professeurs, serons bientôt éparpillés sur l'un des fronts aériens où la France porte sa cocarde. Les uns iront aux Vosges, d'autres en

Champagne, et moi je suis destiné aux Flandres. Dans quelques semaines, aucun de nous ne connaîtra les mêmes besognes ni les mêmes dangers. Il ne nous restera en commun que le lien de nos randonnées au-dessus de l'Ile-de-France et, après avoir survolé le berceau de la patrie, le désir passionné de la protéger.

Et si, par l'usure des devoirs journaliers, il nous arrivait d'oublier cette période de préparation commune, nous nous souviendrions assurément de la nuit froide et diaphane où, pendant plus de quatre heures, nous survolâmes la Seine. Près de nous, dormaient les cimes des arbres. A quelque distance le halo gigantesque de Paris s'arrondissait à mi-ciel. Mais tout là-bas vers le nord, vers Noyon, la Champagne et la Somme, nous apercevions des éclatements au ras du sol. Ils étaient silencieux ; ils étaient lointains et sans dangers. Ils représentaient pourtant la formidable bataille qui n'a point de répit ni de saison, celle qui tue aussi bien sous le soleil et dans la neige; celle que la France devra craindre aussi longtemps qu'elle sera riche et belle, mais que cette fois-ci les Allemands ne gagneront pas.

UN FRONT TERRESTRE
MARITIME, AÉRIEN

Nord de la France. — Hiver-été 1917.

Rien de précis ne sera livré sur ce secteur de la grande guerre où, sous sa triple
forme, l'énergie des Alliés et des Allemands se manifeste à coups redoublés.
Tout là-haut, dans le nord de la France,
on entend les tumultes de l'artillerie ; la
brise de mer traîne au rivage l'appel des
naufragés ; au sein de l'atmosphère, glissent les oiseaux à hélice, artilleurs des
nuages.

Parmi les convoitises germaniques, cette
province française était sans doute la plus

âpre. Le crampon de fer qui se piquait à Bagdad devait s'accrocher à Calais. Bagdad est perdue, Calais est encore à prendre.

Il fallait aux Allemands ce môle du cap Gris-Nez, projeté entre Manche et mer du Nord ; ils désiraient les bons ports de cette côte, afin que le détroit, devenu boulevard allemand, pût étrangler l'Angleterre par un garrot de mines et de torpilles... La lumière de Gris-Nez est encore française...

Mais, par la rage ennemie et la constance alliée, cette plantureuse province est devenue le théâtre le plus dramatique de la guerre. Toutes les tragédies concourent à son martyre. La formidable pression terrestre l'étouffe ; chaque semaine, chaque journée, quelque atroce aventure de mer jette à ses plages des corps déchiquetés par l'explosif sous-marin. La ceinture de métal enfoncée dans la terre par la rafale infinie des canons se prolonge sous l'eau par la ceinture métallique des navires coulés. Si chaque aéroplane laissait une trace au ciel, les enchevêtrements en formeraient une voûte sans créneaux, et tous les points de cette voûte, à un moment de hasard, auraient été témoins de la mort ou l'eussent laissé choir.

Car la guerre présente est devenue celle du hasard. L'on ne se bat plus dans l'exaltation de frapper un adversaire réel ou d'être tué par lui. Immobile, ignorant, l'on réfléchit aux trajectoires aveugles, aux coups anonymes, qui peuvent assommer dans la tranchée, le bateau ou la maison. C'est une semaille de destruction, de la mort par probabilités ; c'est la hideuse métaphysique allemande débitée en obus et en torpilles.

Pour faire revivre quelques aspects de ce drame flamand, nulle présentation ne vaudra le récit d'une journée, prise au hasard parmi toutes celles que vivent les aéronautes du centre des dirigeables. Les spectacles maritimes, aériens et terrestres se succèdent à leurs yeux dans leur monotonie variée. Toutes nouvelles leur parviennent, par les voies les plus directes. Ils ont ce privilège de n'être point terrés dans un trou de tranchée, ou emprisonnés dans la coque d'un bateau ; ils se trouvent témoins et protecteurs du plus formidable trafic qu'aura jamais créé l'humanité, celui qui lie la France à l'Angleterre ; ils voient passer tous les acteurs des gigantesques batailles de Flandre ou d'Artois.

*
* *

Aux premières pointes de jour, aussitôt que de la clarté vient blanchir l'atmosphère, un groupe d'observateurs sort des cabanes, gonfle les petits ballons d'aérologie, les lâche, et mesure sur des appareils spéciaux leur direction et leur vitesse. Les petits ballons coloriés montent, entraînés par la brise, secoués aux remous, et il faut bien de l'habitude pour ne point perdre, dans la lunette qui les suit, leur globe capricieux et diminuant. Enfin, ils s'engloutissent au sein des nuages, et la hauteur de leur disparition indique le plafond à partir duquel l'aéronaute sera aveugle.

Pendant qu'un calculateur détermine, d'après les éléments livrés par le petit ballon de baudruche, les humeurs variables du vent aux différentes altitudes, le commandant et les pilotes rapprochent ce résultat local des informations atmosphériques parvenues de l'extérieur.

Par des moyens d'urgence, et plusieurs fois par jour, tout ce qui peut se savoir sur l'état du ciel, de la mer, des vents, des températures et pressions, depuis l'Espagne jusqu'à l'Écosse, et depuis l'Atlantique jusqu'aux Vosges, afflue aux écouteurs téléphoniques du centre. Sur des cartes d'ensemble tenues à jour, avec rigueur, les courbes de dépression, leur vitesse de marche et la force des vents lointains, sont discutées méticuleusement.

Quand tout est clair et facile, la critique est vite faite, et l'ascension se décide sans ambages. De même, l'on n'hésite pas lorsque la tempête souffle, ou que les courbes météorologiques trahissent son imminence : il faut alors renoncer à monter. Mais que de scrupules, d'angoisses parfois, si les mesures prises au centre et les nouvelles de l'extérieur oscillent sur la limite du possible et du dangereux !

Décide-t-on de partir, et peut-être qu'avant une heure le dirigeable lancé au-dessus des eaux sera bouleversé par des vents plus puissants que lui, perdra ses moyens, et n'aura de ressources que dans une descente n'importe où, sur l'onde ou en rase campagne, au risque d'avaries majeures ou de destruction; peut-être même sera-t-il entraîné vers le nord ou vers l'est, vers les ennemis, et descendu sans riposte possible par un fokker ou un canon... Décide-t-on de ne pas risquer la chance, et alors, quel remords si plus tard l'on apprend qu'un sous-marin, sur la patrouille manquée, a torpillé ou canonné quelque bateau dont notre présence eût assuré le salut.

Ce sont là problèmes journaliers, dans ces parages de mauvais vents et d'atmosphère changeante, de pluie, de neige et de brume, où le pilote est toujours tenaillé entre le souci de préserver un matériel précieux et le désir d'accomplir son devoir tutélaire. Trop de témérité peut perdre un ballon qu'on ne pourra remplacer de sitôt. Trop de prudence fait le jeu du sous-marin, qui n'espère qu'un relâchement des patrouilles maritimes ou aériennes, afin de couler troupes et navires aventurés sur le Pas de Calais... Bien souvent, lorsque le savoir aérien, la conscience professionnelle ont épuisé tous les oui et tous les non, et qu'à moins d'une sorte de révélation nul ne peut prophétiser l'atmosphère qui va suivre, l'on fait un acte de foi, un pile ou face mental, et l'on joue le va-tout.

L'ordre donné, tout le personnel du centre chemine vers le hangar; il ne s'agit point ici d'un avion, léger et docile, que quelques mains adroites peuvent conduire sans fatigue sur le lieu de son essor, mais d'une encombrante machine, aux soubresauts inattendus, qui exige presque toujours la totalité des bras disponibles, et, rétive, n'en ferait qu'à sa tête sans une manœuvre vigoureuse.

Le hangar fermé de partout ressemble à un caveau immense et frais. Quelques lampes électriques, perdues sur son revêtement neutre, y font des points blafards qui rehaussent la grisaille d'ensemble. Après un moment, l'œil s'accoutume à ces demi-teintes, et distingue les ballons, hôtes énormes de cette voûte, qui la remplissent presque entièrement, et dont les mouvements légers suscitent une sorte de plainte ininterrompue.

Car les grands ballons, au ventre gonflé d'hydrogène, gaz instable, ne connaissent pas, même au bercail, un seul instant de repos. La plus subtile variation du thermomètre ou du baromètre, celle que n'enregistrerait pas l'appareil le plus précis, dilate ou contracte le volume gazeux enclos dans la triple étoffe. Il n'y a jamais de halte aux tourbillons invisibles de la masse fluide, et il faudrait des yeux que nous ne possédons pas pour apercevoir les perpétuels renflements, les perpétuels retraits de l'enveloppe. Sur celle-ci, le réseau des cordages et des suspentes s'étire et frotte à chaque seconde ; la nacelle, obéissant aux variations de la force ascensionnelle du gaz, se soulève et retombe en gémissant doucement. Répercutés par l'acoustique du hangar clos, tous ces bruits menus se composent en un soupir permanent, sorte de respiration du grand animal de vol qui est inquiet même au sommeil.

Les diverses équipes se partagent la besogne préliminaire. L'une ouvre la porte haute du hangar, et, à mesure que la terne lumière du matin pénètre par la fente grandissante, l'heureuse forme du dirigeable se dessine sur le pan du ciel découpé par l'ouverture. Les cocardes des gouvernails prennent un éclat atténué ; le drapeau tricolore flotte au premier souffle de brise qui vient caresser l'arrière du dirigeable voisin de la porte ; il apparaît tout moite de la fraîcheur nocturne qui s'est posée sur son front d'or ou d'argent.

Une autre équipe l'allège de tous les poids, des sacs de lest, qui retenaient au sol, pendant son inactivité, son désir d'ascension. Alors, suivant les filets aériens qui se faufilent sous le hangar, le ballon oscille ou se cabre par balancements subits. Toutes les lisières enlevées, il faut le maintenir solidement sur la terre ; pour peu qu'il se trouvât trop léger, il bondirait jusqu'au plafond et déchirerait son étoffe aux armatures supérieures de la voûte rude.

Le pilote, ses aides, vérifient dans la nacelle l'ordre et le bon état de toutes choses ; surtout, ils s'assurent de la pression du gaz à l'intérieur de l'enveloppe.

Que ce soit à terre, ou pendant les vols, cette pression constitue l'éternel souci de l'aéronaute. C'est elle qui forme l'armature intérieure du dirigeable, sa solidité, son squelette.

Qu'elle dépasse la valeur que lui attribuent la coupe du ballon, la résistance de l'étoffe, les conditions barométriques de l'atmosphère... et toute l'enveloppe, trop tendue, se fatigue, se distend, se déchirera peut-être.

Qu'elle soit inférieure à ce qu'il faut, voici qu'en un point ou à l'autre, l'enveloppe se plisse ou s'affaisse; le dirigeable ne possède plus cette rigidité nécessaire à l'enfoncement, à la progression sans danger au milieu du fluide extérieur; il pourra subir des déformations, des plis qui parfois aboutissent à la grande rupture et à la chute.

Et aussi cet hydrogène, intact à l'époque du gonflement initial, se souille de seconde en seconde au cours des ascensions ou des repos. Quelque perfectionnée que soit la science des étoffes et de leurs enduits, la trame et la chaîne n'en existent point dont la texture, l'imperméabilité empêchent le gaz volatil de filtrer par les pores et l'air dix fois plus lourd de s'insinuer dans l'enveloppe. Chaque litre de cet air mélangé au gaz réduit le pouvoir ascensionnel du ballon.

Lors du gonflement, le dirigeable, neuf pour ainsi dire, emporte très loin, très haut, un fardeau bien supérieur à celui qu'on escomptait : lest, essence, provision de bombes, forment un total qu'il soulève allégrement. Le pilote n'a nul souci pour un tel véhicule en pleine forme. Mais, à chaque sortie, à chaque sommeil sous le hangar, les innombrables filets d'air viennent empoisonner la substance du gaz. Il faut, progressivement, diminuer la provision d'essence, c'est-à-dire le chemin à parcourir; et puis celle du lest, c'est-à-dire la hauteur à atteindre, c'est-à-dire la force offensive et les chances contre sous-marins.

L'on a beau faire, entretenir au mieux l'hydrogène, le ballon est rongé de plus en plus par la maladie de l'air. Un jour enfin, pour autant qu'on ait réduit son chargement et ses moyens, il demeure presque collé au sol, s'en élève paresseusement et y retombe; tout ce qui reste de force montante au gaz mélangé d'air ne suffit plus à soulever le poids de l'étoffe, de la nacelle, des moteurs et des aéronautes. Le dirigeable est parvenu au moment d'une de ses morts.

On le dégonfle tout entier. Pendant quelques jours, plate et fripée, son enveloppe dort à terre comme un cocon sans chrysalide. Engouffrés comme des termites à l'intérieur de ce linceul informe, les tailleurs, les voiliers sondent chaque laize et chaque couture de l'étoffe. Leurs aiguilles, leurs ciseaux réparent usure et trous; du pinceau, ils étendent de nouvelles couches d'enduit sur les plaies dues au soleil, à la pluie, au frottement des agrès. Des instruments de traction éprouvent la résistance des tissus, et l'on remplace les bandes trop faibles ou décaties.

Lorsque chaque millimètre carré a subi l'auscultation et la remise au point, lorsque ouvriers, pilote et commandant croient avoir pris toute mesure contre le microbe de l'air, alors l'hydrogène frais et pur est envoyé par torrents dans l'enveloppe. Par bosses et hernies, son afflux la boursoufle d'abord. Peu à peu, les nerfs de son élasticité soulèvent l'étoffe, l'arrondissent en carapace de tortue, dressent les pointes, décollent du plancher son ventre qui s'en sépare enfin. Et quelques jours après, complètement gréé, ajusté, réglé, repeint, le dirigeable ressuscité, tel ce dieu hindou, n'attend plus que de vivre sa nouvelle réincarnation.

Entre le beau pouvoir ascensionnel du gonflement et les défaillances préliminaires de l'agonie, nombreux sont les jours de vitalité moyenne. C'est par un de ces matins-là que l'équipe de manœuvre détache les liens qui unissent le ballon à l'armature du hangar. Lorsque tout semble en ordre, on le sort au commandement d'un officier.

Environnant la nacelle, deux rangées d'hommes en maintiennent à hauteur de ceinture les agrafes ou poignées de prise. Tout à l'avant et à l'arrière, quatre équipes saisissent les cordages de manœuvre destinés à conduire sur le terrain le grand corps du dirigeable et à réprimer ses soubresauts. Une escouade de réserve se dispose à courir ici ou là, pour prêter main-forte à telles équipes entraînées par la brise.

Car, dès que la pointe du ballon émerge du portail, comme quelque animal aveugle tâtant l'air au seuil de son antre, les premières rafales la soulèvent, l'enfoncent, la projettent sur les grands montants durs. A toute force de bras, les équipes doivent résister, quelquefois même attendre l'évanouissement de la rafale, sous peine de déchirures à l'enveloppe ou de déformations aux gouvernails délicats.

Prudemment, avec des arrêts et des

départs, la grande forme oblongue finit par se faufiler hors de sa tanière. Il s'agit de l'accompagner sans encombre, à bonne distance sur le terrain, loin de tous obstacles, en belle posture pour le vent régnant.

A peine le ballon est-il immergé tout entier dans l'atmosphère extérieure, la vitalité de son hydrogène se manifeste. Saisi par une vague de fraîcheur ou d'humidité insensible à l'épiderme des hommes, il se contracte. Le dirigeable s'alourdit. La nacelle bute à terre. Le puissant effort des équipes conductrices, aidé par un jet de lest, empêche que la carène ne se détériore en rabotant ou labourant le sol. Reçoit-il une caresse de chaleur, un fantôme de rayon solaire traversant quelque nuage moins épais, le gaz ragaillardi se dilate, tire vers le ciel tout l'appareil et tous ses cornacs; les bras hauts, ceux-ci s'appesantissent de toute leur masse aux cordes et à la nacelle; souvent même, ils sont soulevés du sol; qui n'a pas les mains assez fermes ou l'esprit assez prompt retombe lourdement. Pour arrêter ce caprice, le pilote soupape quelques bouffées de gaz, et la machine redescend au niveau de manœuvre.

Cahin-caha, par bonds et chutes enrayées, embardées sous la gifle du vent, inclinaisons et redressements au début et en fin de risées, lubies qui font galoper l'escouade de secours entre l'avant et l'arrière, le dirigeable parvient au lieu marqué pour son essor. Pendant que les mécaniciens y essayent les moteurs, le pilote pèse son ballon.

Avant chaque départ, cette pesée constitue la grande besogne du pilote. Il se souvient des renseignements météorologiques survenus tout à l'heure, des vents dont le petit ballon de baudruche lui a prédit la rencontre ; par expérience aérienne, il sait quelle hauteur de vol sera plus favorable à sa patrouille du jour, celle où il verra bien, sera peu secoué, où le dirigeable a chance d'être plus manœuvrant.

Le pilote connaît à fond son engin, son

état de santé actuel, et le simple trajet du hangar jusqu'au point d'appareillage lui a suffi pour apprécier la disposition momentanée, l'entrain ou la torpeur. Le dirigeable est animal de sang. Il ne faut ni le contraindre, ni l'abandonner à sa fantaisie. Ou lui, ou l'aéronaute, sera le maître pendant la patrouille. Le bon aéronaute n'obéit jamais.

La certitude qu'on exige du ballon, c'est qu'au moment du « lâchez tout », il parte franchement, ni trop prompt, ni avec paresse.

Qu'il hésite et décolle languissamment, et peut-être, avant que ne soit atteinte l'altitude de sécurité, le vent l'aura plaqué sur le hangar, les collines, les clochers avoisinants, où nacelle et enveloppe s'abîmeront. Qu'il monte trop vite, son gaz trop dilaté n'aura pas le temps de fuir par les soupapes, distendra les tissus, et les fera peut-être éclater.

Pendant ce pesage, le pilote embarque ou débarque des sacs de lest, s'allège de bombes ou d'essence, tandis que les équipes de manœuvre, alternativement, lâchent et reprennent nacelles et cordages, afin que l'on juge, par faux départs, de l'allure prochaine à l'essor. Il n'est pas de jours consécutifs où la pesée soit identique. Dans un même jour, il n'est pas de minute où ses résultats soient semblables. Un degré de baromètre, un degré de thermomètre, l'approche d'un brouillard, la fin d'un vent, modifient tout ensemble et le poids du ballon et sa force portante.

L'on doit accorder chacun des éléments qui correspondent à ces variations ténues. Ainsi, dans un orchestre, les violons se raccordent avant chaque morceau. Encore, par la diabolique instabilité de l'atmosphère, n'est-on jamais sûr que les plus prudents pesages ne seront point démentis avant quelques minutes (1).

(1) Un exemple numérique, illustrant les considérations précédentes, peut intéresser le lecteur.

Soit un zeppelin de capacité 50 000 mc. d'hydrogène. Il a été calculé pour les conditions atmosphériques

*
* *

— Lâchez tout !

Dans les équipes, les mains s'ouvrent. Le ballon quitte le sol correctement. Les gouvernails mis à la montée, l'hélice embrayée, dressent sa pointe vers le ciel. Pendant que ceux qui restent à terre contemplent l'ascension heureuse et inclinée du grand cigare bien plein aux reflets d'or ou d'argent, le pilote voit diminuer toute

moyennes : $15°$ de température ; $760 \frac{m}{m}$ de pression ; humidité normale. Dans ces conditions, il soulève environ un poids total de 55 tonnes représentés par : $1°$ armature métallique et étoffes ; $2°$ nacelle, moteurs, provisions, personnel, lest ; $3°$ *essence* ; $4°$ *bombes*.

Les deux derniers éléments représentent son pouvoir militaire. Admettons qu'il transporte 5 tonnes d'essence, permettant un voyage de 12 heures, et 5 tonnes de bombes, soit 10 bombes de 500 kilos.

Or, l'étude comparée des gaz, hydrogène et air, enseigne que :

$1°$ Un abaissement de $1°$ de température augmente de 4 gr. le pouvoir ascensionnel du mètre cube, soit 4 kilos pour 1 000 mc., et 200 kilos pour le ballon de 50 000 mc ;

$2°$ Une élévation de $1 \frac{m}{m}$ de pression augmente de 1 gr. le pouvoir ascensionnel du mètre cube, soit 50 kilos pour le ballon de 50 000 mc.

Si donc le pilote choisit pour son voyage une tempé-

chose dans une fuite silencieuse. Le champ d'appareillage s'agrandit en canton, le canton en département, et bientôt toute la terre visible semble aussi étendue que le ciel.

Un jour, glissent les dunes de Flandre ou les plats territoires du Calaisis; le soir ou le lendemain, passent les molles ondulations du Boulonnais ou les falaises de Picardie. Après quelques minutes de vol,

rature très basse et une pression très haute — 0° et 780 $\frac{m}{m}$, par exemple — conditions des nuits d'hiver avec vent sec et ciel pur, il gagnera comme poids à emporter :

1° Par la température : 15 fois 200 kilos, soit 3 tonnes;
2° Par la pression : 20 fois 50 kilos, soit 1 tonne.

Ce total de 4 tonnes peut être employé pour des bombes (8 en plus) : accroissement de pouvoir offensif; ou bien pour l'essence : accroissement de la distance franchissable et attaque de points plus éloignés; ou bien pour l'un et l'autre.

Ces notions simples élucident le terme : « Nuit à zeppelin. »

Il serait aisé de montrer les avantages de semblables nuits en ce qui concerne la hauteur que l'on peut atteindre, c'est-à-dire la sécurité de l'assaillant. Mais sans pousser plus loin, il suffit de se rappeler que l'idéal de l'aéronaute se résume ainsi :

Basse température; haute pression; atmosphère sèche.

apparaissent l'étendue grisâtre de la Manche et la tristesse de ses reflets. Cette mer heurte la côte d'un perpétuel rebroussement d'écume.

Autour du cap Gris-Nez, coin de France projeté dans les eaux mauvaises, l'on devine toujours, malgré le nivellement de l'altitude, les vagues méchantes et les courants redoutés des navigateurs. Tout comme les marins des grandes traversées parlent avec rancune des caps australs, Horn et Bonne-Espérance, de même les pêcheurs et caboteurs, voire même les longs courriers, n'évoquent guère avec sympathie l'insociabilité de Gris-Nez. Ce carrefour des vents et des courants fait jaillir jusqu'au ciel ses néfastes tourbillons.

A quelque hauteur qu'on le franchisse, des bourrasques rageuses et de grandes houles aériennes emportent et tourmentent le dirigeable qui se cabre, s'enfonce, roule et oscille ainsi qu'une coquille sur la mer furieuse. Instinctivement, l'on examine les câbles qui suspendent la nacelle à l'enveloppe. Encore que l'on sache avec quelle exactitude leur résistance a été calculée, il est impossible de ne point les trouver très minces. Mais ils ne cassent jamais.

Tout au plus, pendant les oscillations de la nacelle, lancée à droite et à gauche comme un pendule, le pilote entend-il les frottements, les chocs très légers des câbles sur l'enveloppe; répercutés dans cet énorme vaisseau qui forme caisse résonnante, ils y font un bruit sourd et roulant comme les fracas du tonnerre; il faut de l'habitude pour distinguer ces plaintes du ballon de la réalité d'un orage.

D'ailleurs, en peu d'instants, la frontière de l'onde est franchie et le dirigeable aborde la zone marine où des vents réguliers, quoique forts, facilitent la stabilité de route et d'assiette. C'est le royaume de la patrouille; c'est le champ clos de la bataille sans merci entre l'ennemi sous-marin et la communication franco-anglaise.

L'on survole en ces parages un vrai boulevard de trafic. Qui se douterait qu'à quelques milles de là les Allemands ont accumulé tous les moyens de destruction maritime? Dans son bateau, le passager de guerre, au départ, pendant la traversée, à l'arrivée, soupçonne sans doute le formidable mouvement qui joint les deux rivages amis. Mais il n'en voit que deux ports, et n'en observe qu'une ligne.

De là-haut, par temps clair, l'éventail de liaison apparaît tout entier : Dunkerque, Calais, Boulogne, Dieppe et toutes les étapes intermédiaires ; la Tamise, Douvres, Folkestone, Newhaven et les ports qui les unissent. Des uns aux autres, dans tous les sens, l'interminable théorie des grands navires, des paquebots, des transports, des hôpitaux, des estafettes, des cargos, des remorqueurs, des chalutiers, des pêcheurs, des malles, des hélices ou des turbines, des roues à aube ou des voiles, passe interminablement, transborde des hommes, des locomotives ou du charbon, embarque et débarque munitions ou vivres, ne s'arrête jamais. C'est comme un charroi entre deux gares monstrueuses; de la fumée traîne sur chaque vague. Tout marche avec une régularité d'horloge. Les innombrables tentatives de l'ennemi ne savent désorganiser ce merveilleux éventail. Pour quelques bateaux, pour quelques vies qu'elles réussissent à coucher sur leurs éphémérides de meurtre, les millions de combattants et les milliards de tonnes se sont déversés sans encombre sur les quais des grands bassins.

Entre ces convois de navires lents ou rapides, se dessinent les lacets blancs des sillages de contre-torpilleurs. Ils courent de l'un à l'autre, les protègent en avant, les protègent sur les flancs, les protègent en arrière, les abandonnent à l'entrée des môles, se précipitent vers le nord ou vers le sud pour en encadrer un autre, le conduire en sécurité vers la côte destinataire, et repartent encore. Quand trouvent-ils du repos? Qui rendra assez justice à leur œuvre épuisante et sans récompense?

Plus près des côtes, aux abords des jetées, ou bien en grand'garde sur les limites du trafic, circulent inlassablement les lents dragueurs et chasse-mines, alourdis par les appareils qui ratissent les monstres explosants. Encore plus obscurs, encore plus exposés par leur faiblesse et leur lenteur, ces bateaux-là s'engloutissent souvent à la seconde même où ils protègent la route : la mine qu'ils cherchaient, qui peut-être eût enseveli des centaines d'hommes, éclate dans leur flanc; leur mort affreuse fait le salut du prochain convoi. Le grand sacrifice silencieux n'a point créé de plus admirables héros que ces veilleurs du Pas de Calais, français ou anglais, dont les dirigeables observent chaque jour la besogne.

Le noble Nelson, juché sur le piédestal de Trafalgar Square, dans cette ville de Londres dont l'aéronaute, par beau soleil, aperçoit le halo, le grand marin doit être content. Et aussi l'homme du Camp de Boulogne, le Napoléon qui se dresse au bord de la Manche sur sa colonne éternelle.

D'un seul coup d'œil, le voyageur aérien pourrait en apercevoir les deux hautes images. Il y a plus d'un siècle, ces dieux du combat terrestre et maritime se pourchassaient de la haine qu'engendrent les politiques. Aujourd'hui, ils se fussent tendu la main par-dessus la Manche, leurs âmes se fussent unies, tout comme le sont leurs statues par le regard de l'aviateur. Qui saura jamais quel double triomphe eût assuré à notre cause la fraternité de ces génies-là?

Mais, si cette fraternité nous fait défaut pour activer notre victoire, son esprit, établi sur terre et sur l'eau, se manifeste dans les airs. De même que le drapeau tricolore et l'étendard de Saint-Georges sont intimement mêlés dans la résistance aux Allemands et pour la chasse aux sous-marins, de même, aux grandes altitudes, se rencontrent-ils au détour d'un nuage ou parmi les grains de pluie.

Sur le Pas de Calais, que ce soit près de France ou d'Angleterre, ou au-dessus des ondes vides, aucune patrouille ne se passe sans que l'on n'aperçoive, minuscule et immobile d'apparence, quelque ballon, quelque avion ami, qui exécute dans son secteur la ronde tutélaire. Quand le travail de la journée autorise un rapprochement, les voyageurs aériens se laissent porter l'un vers l'autre, pour se dire bonjour.

Il n'est point aisé de définir la joie secrète de voir grossir, sur le sentier aérien, le camarade de bon travail qui vient à votre rencontre. Dans la grande solitude atmosphérique, presque toutes choses sont hostiles, et l'approche d'un ami inconnu redonne du courage, semble accroître la sécurité. On le voit secoué des mêmes remous que soi; l'on devine l'effort de ses muscles au passage des mêmes nuages ou de la risée qu'on vient de subir. Son cheminement vers vous est cahoté comme le vôtre, et, toutes les pensées que vous éprouvez en contemplant sa peine, vous savez qu'elles le hantent tandis qu'il vous voit venir. C'est une télépathie entre deux ouvriers de la même tâche.

Enfin, ils passent à portée du regard; seules, l'incertitude des remous et les règles impératives de la route aérienne empêchent que les deux véhicules s'approchent plus qu'ils ne font. Les hôtes des nuages s'envoient le salut de la main; chacun porte à ses yeux des jumelles pour distinguer l'autre passant.

Celui-ci est en haut, celui-là est en bas, et les moteurs rapides ne laissent que quelques secondes à la reconnaissance. Après quelques rencontres, l'on distingue les caractéristiques de l'aéronaute qui s'enfuit déjà. Un tel est grand, blond, rasé; tel autre est court, barbu et brun; le troisième lâche les deux mains pour saluer; le quatrième fait un simple salut militaire et siffle de la sirène.

On ne les verra jamais de près sans doute, on ne leur serrera jamais la main sur un sol ferme, mais ce sont des amis sûrs, qui vous donneront leur vie comme vous leur donneriez la vôtre, si un appel, un danger, une aventure aérienne faisaient qu'un jour il fallût voler à la rescousse.

Pour l'instant, la paire de compagnons d'une minute se disjoint, et chacun, sans se souvenir de la rencontre, mais encouragé de manière subtile, continue son pèlerinage. L'Anglais va côtoyer les ports de France, le Français pousse parfois jusqu'aux rives britanniques. Il réunit dans un même coup d'œil les bassins coiffés de fumée, qui enserrent les navires sous pression, et les falaises blanchâtres, et les phares immobiles, et les casinos vidés par la guerre de leurs multitudes joyeuses.

Peut-être, aux époques bénies de la paix, a-t-il fait d'agréables escales en ces Brighton ou ces Ramsgate, dans la compagnie de quelque rieuse jeune fille anglaise, et au son des orchestres de banjo! Comme tout cela semble à jamais fini! Entre deux oscillations des vents et quelques obscurcissements de brume, les mains crispées sur les manettes et les poignées de soupapes, l'aéronaute survole la rive sœur où chaque port, chaque plage, donne l'assistance de guerre; et puis il retourne, sur les montagnes et dans les vallons atmosphériques, aux étendues vides et vaseuses que hante le sous-marin.

Car les dirigeables surveillent avant tout les frontières nord et sud du trafic; au nord, le sous-marin allemand, quittant ses bases de Belgique, rôde pour porter ses coups; au sud, revenant des grandes croisières atlantiques où il a coulé des bateaux sans défense, il rôde également pour frapper quelque égaré.

Il sait que dans le grand éventail dont j'ai parlé tout à l'heure, l'innombrable attention des navires, celle des postes de côtes, des avions et des dirigeables ne lui permettra guère d'accomplir son œuvre. Voici bien des mois que pas une vie n'a été perdue sur cette artère vitale de notre cause, et le sous-marin, au départ ou au retour, essaye de tuer dans les régions de moindre surveillance.

C'est pourquoi les ballons, voyageurs de longue course, visitent journellement ces régions de bordure. Ils se balancent au-dessus des eaux couleur de mastic ou de bronze, attendant la raie blanche du périscope ou la forme demi-noyée du sous-marin à l'affût.

Avant le départ, le pilote a lu toutes les nouvelles de la nuit. Il sait qu'ici ou là, huit heures, dix heures ou vingt-quatre heures plus tôt, un navire de pêche a été coulé, un vapeur a été canonné et a pu s'enfuir. Quelquefois, des renseignements précis ont donné le numéro du sous-marin, sa grandeur et ses caractéristiques. L'on en infère alors s'il retourne d'une croisière ou vient de quitter sa base; l'ennemi n'accomplit pas sa besogne sans que chaque aventure ne permette de suivre approximativement sa piste.

Mais les routes du sous-marin sont aussi incertaines que celles des avions dans l'air.

Ayant torpillé et détruit, il choisit n'importe quel chemin d'évasion, entre le nord et le sud, entre l'est et l'ouest, dans l'onde sans obstacle; il peut même s'arrêter, se poser sur le plancher de l'Océan lorsque les fonds sont assez faibles, et attendre là, comme un animal dans une caverne, que ses chasseurs aient perdu la trace.

Le dirigeable est un grand moyen de surveillance. Il va moins vite que l'avion. Son pilote, ses observateurs sont mieux assis, et peuvent examiner l'immense nappe marine sans que la rapidité en fasse manquer aucun accident. Voyant tout, le voyant à loisir, ils peuvent en informer ceux qui attendent à terre. A chaque instant, leur télégraphie sans fil lance des nouvelles aussitôt reçues par le port d'attache.

Y a-t-il quoi que ce soit de suspect, voire d'inattendu, bateau, épave ou ombre sous-marine, dès que l'expérience du pilote a déterminé son opinion, il rédige sur ses genoux le message en chiffres convenus, et le télégraphiste l'envoie; tous les postes français et anglais, à terre ou sur les navires, sont informés de la découverte qu'ont faite les yeux perçants du dirigeable.

Du rivage, partent les avions vertigineux et chargés de bombes; des ports, des patrouilles maritimes, se détachent les bâtiments armés du canon; tout cela bondit vers le lieu suspect, tandis que le dirigeable, accomplissant des orbes de contact, se tient prêt lui-même à laisser choir ses bombes, et empêche l'ennemi sous-marin de se manifester, d'attaquer, de détruire.

La première assurance du sous-marin réside en son invisibilité; pour soutenue que soit la veille des patrouilleurs de surface, leur horizon étroit dissimule souvent le sous-marin qui chemine à quelques kilomètres d'eux. Le patrouilleur aérien ne souffre pas d'une telle infirmité : son champ de vision se mesure par dizaines, par vingtaines de milles.

Chaque sous-marin ennemi sait cela. Lorsque, dans l'objectif du périscope hissé à quelques centimètres au-dessus de l'eau, son commandant distingue, proche ou lointaine, la forme d'un dirigeable en patrouille à mi-ciel, il comprend qu'aucun travail n'est possible en ce moment.

Sans doute, il se demande si le dirigeable l'a ou ne l'a pas vu De même, l'aéronaute ignore, lorsqu'il a décelé le trait d'épingle d'un périscope, si l'œil qui guette l'aperçoit par aventure. C'est un duel optique et silencieux. L'un ni l'autre ne devine jusqu'où va la découverte de l'ennemi, ni son dessein.

Peut-être, pendant la manœuvre d'approche du dirigeable, le sous-marin émergera-t-il tout d'un coup, armera-t-il ses canons et lancera-t-il sur l'énorme cible aérienne une rafale d'obus incendiaires. Avant de pouvoir survoler l'ennemi, de lui décocher ses bombes, le dirigeable criblé, gaz enflammé, aura trébuché dans l'air et s'écroulera sur l'eau. Ce sera l'un des drames aéro-maritimes dont nul ne saura jamais l'épisode.

Ou bien le sous-marin n'a rien vu. Il continue, sous l'eau, son rampement de myope en quête d'une proie. Le dirigeable, immergé dans la brume, ou auréolé d'un éclairage où se fondent les couleurs de son enveloppe, croise à bonne distance sans perdre l'ennemi qui ne se méfie pas. Il lance, précipités, haletants, les radio-grammes d'appel. Ces messages chiffrés tâchent de définir avec exactitude le lieu précis du duel.

Pendant l'attente, le pilote hésite également à s'approcher ou à s'éloigner. Une plus grande distance peut épaissir son nimbe de brume ou de lumière, et l'aveugler. S'il se rapproche trop, son énorme profil risque d'émerger des vapeurs ou des rayons ; alors, le sous-marin plongera et plus rien ne sera visible dans les ondes bourbeuses de la Manche.

Ici, l'œil aérien ne dispose pas de ces transparences marines dont il se félicitait naguère près de Corfou et au canal d'Otrante. Une épaisseur de quelques mètres d'eau vaseuse abrite plus sûrement le sous-marin que ne ferait un mur de pierre ; pour ne pas le perdre de vue, mieux vaut rester à distance sans risquer d'être aperçu par lui.

Alors, après quelques minutes, les éternelles minutes de cette veille passionnée, l'aéronaute entend quelque part le bourdon circulaire d'un autre moteur aérien. Il écoute, regarde dans l'immense tourbillon des vapeurs, des clartés. Il ne distingue rien. Tout d'un coup une guêpe solide, lancée, passe en trombe. Dans cette guêpe est assis l'aviateur attiré par l'appel radio-télégraphique. Il est venu près du ballon pour savoir où jeter les bombes. De ses mains tendues et parallèles, tout l'équipage du dirigeable désigne la direction où le sous-marin se dissimule.

L'avion a vu. D'un grand virage incliné, il fond vers la proie ; son camarade de section le suit quelques secondes plus tard.

Avant que le plongement du sous-marin ait pu précéder la foudroyante vitesse de l'avion, toutes les bombes sont tombées autour du périscope. A-t-on blessé l'ennemi; l'a-t-on définitivement enfoncé dans le caveau des ondes? Il est exceptionnel que nul le sache, sinon l'amirauté allemande. Ayant attendu vainement les nouvelles et le retour de ce sous-marin-là, elle renonce à tout espoir et classe son équipage au calendrier des martyrs germaniques.

Plusieurs fois, cette réussite a marqué la collaboration des dirigeables et des hydravions. Il faut être plongé corps et âme dans la vie intime de cette grande guerre, pour comprendre ce qu'un tel succès représente de pensées profondes, d'accords exacts, de régularité mathématique dans la prudence préparatoire et l'audace d'exécution.

Un jour, record entre tous les records, pas plus de neuf minutes ne s'écoulèrent entre l'appel du dirigeable et le bombardement par les hydravions. Pourtant, la région signalée se trouvait loin du centre des aéroplanes, et la section d'alerte de ceux-ci était au sol, attendant les nouvelles. La rédaction du message par l'aéronaute, sa transmission par T. S. F., sa traduction au port d'attache des ballons, son envoi par téléphone, la décision qui expédia les aéroplanes, leur trajet sans erreur, leur œuvre victorieuse, supprimèrent pour ainsi dire et le temps et l'espace. Que de bonne volonté, que d'intelligence, que de merveilleuse précision dans un tel enchevêtrement de travaux. Si les Alliés n'avaient affaire au plus damnable des ennemis, l'horreur sous-marine serait depuis longtemps effacée de cette guerre.

Hélas, toutes les patrouilles ne connaissent point une semblable récompense. Pour quelques sous-marins aperçus, traqués, bombardés, combien se sont évanouis dans la pénombre des eaux épaisses! Ceux-là tout au moins, signalés à tous les chasseurs et inquiétés par leur découverte, n'auront pas tourmenté le grand trafic ni fait sur ses frontières aucune victime de hasard.

D'autres jours, le dirigeable n'a distingué, sur les étendues limitrophes du charroi maritime, que des ombres ou des apparences. Il s'est porté vers elles. Quand les yeux du pilote ont pu voir avec certitude, rien ne demeurait qu'une tache boueuse sur l'eau. A moins que ce ne fût la carène retournée d'un malheureux bateau de pêche, ou bien sa mâture émergeant de l'onde, ou bien une chétive embarcation chargée de naufragés moribonds de soif, de froid, ou bien des cadavres verdis par la décomposition et savonnés d'écume...

Le dirigeable ne peut ni s'arrêter dans l'air, ni se poser sur l'eau ; il ne sait faire mieux que transmettre ces tristes spectacles et appeler les navires pieux qui sauveront les naufragés ou recueilleront les morts.

D'aventure, certains drames subits ont aveuglé l'impuissante vision de l'aéronaute.

Une après-midi, comme le ballon survolait à petite hauteur des ondes presque calmes sous un blond soleil de printemps, le pilote suivait du regard la flexible navigation d'un contre-torpilleur alerte. Celui-ci bondissait du convoi qu'il venait de protéger à celui qu'il allait suivre.

Ses quatre cheminées lançaient quatre panaches séparés sur l'eau comme quatre doigts. Par derrière, son sillage formait un angle d'argent qui bouillonnait d'abord, bleuissait ensuite et se mélangeait enfin aux petites vagues plaisantes. Tout était calme, illuminé. La conjonction des terres herbeuses, de la mer en repos, du ciel sans nuages, créait de la gaieté. Soudain, le joli contre-torpilleur s'enveloppa d'un pompon blanchâtre et strié de rouge. Il avait touché une mine.

Quand le blanc et le rouge eurent disparu, il ne restait rien, rien, rien. Le ballon signala, fit des rondes au-dessus de ce lieu tragique où venait de s'engloutir une belle chose. Sur la mer qui avait repris ses éternelles oscillations, il n'aperçut pas un fétu, pas un corps, pas un lambeau.

En une fraction de seconde, la perfection des mécanismes et la centaine de marins valeureux avaient été plantés dans le néant. Les navires qui survinrent pour recueillir les débris ne trouvèrent rien, rien, rien. Telle est la guerre navale.

Quelle que soit la découverte du dirigeable en patrouille, — et les occasions sont rares où son œil attentif ne peut signaler quelque incident, — il demeure toujours en contact avec le centre d'où il appareilla. Toutes les dix minutes, son commandant envoie un radiogramme qui donne les nouvelles. Quand rien autre ne se passe que de l'aéronavigation, les messages sont géographiques ou techniques :

« Je survole le Varne. »
« Je passe le Vergoyer. »
« Je suis au large de Douvres. »
« Je suis au sud Beachy-Head. »

« Je trouve de la brise de sud-ouest. »

« Je compte arriver au centre à onze heures vingt. »

« Avarie au moteur tribord. »

« Mauvaise ventilation. »

« Je ne suis pas sûr de mon atterrissage. »

Chacun de ces radiogrammes est instantanément traduit, porté sur la carte. Quelle qu'en soit la teneur, toutes dispositions sont prises pour déterminer les circonstances où se meut le dirigeable, et l'aider en cas de mauvaise aventure.

Toutes les dix minutes également, le centre expédie un message, imbriqué entre ceux du dirigeable. Quand il n'y a rien de spécial à dire, le message ne contient qu'un texte météorologique :

« Le vent tourne ici au nord. »

« Les nuages descendent ici à cinq cents mètres. »

« Nous avons un peu de brume. »

« Petite pluie depuis cinq minutes. »

D'autres fois, l'on expédie un ordre militaire, suscité par telle information du télégraphe ou du téléphone :

« Sous-marin signalé cinq milles ouest Ambleteuse. Allez voir. »

« Bateau attaqué quinze milles Hastings. Allez voir. »

« Mines mouillées devant Dieppe. Aller voir. »

« Raid ennemi au-dessus de Boulogne. Faites attention. Retardez retour. »

Suivant le baromètre ou l'anémomètre, ou bien les informations de France et d'Angleterre, le centre envoie aussi des ordres de prudence ; au milieu des secousses aériennes, le pilote ne se doute peut-être pas du danger qui menace :

« Chute barométrique. Rentrez. »

« Le vent tourne à l'est et souffle n° 5. Rentrez au plus vite. »

« Orage signalé sur Londres. Rentrez immédiatement. »

« Avions ennemis sur la Tamise. Rentrez par les terres. »

Tout le temps que le ballon navigue

hors du centre, une préoccupation inex-
primée tourmente officiers et matelots.
Lorsque, à la fin des dix minutes d'intervalle, le message du dirigeable n'est point
arrivé, une anxiété parcourt tous les esprits.
Est-ce avarie de télégraphie sans fil, et
faut-il prendre patience qu'elle soit répa-
rée? Plusieurs minutes bien longues! Ou
bien est-ce la noble bataille avec quelque
sous-marin, qui absorbe toutes les énergies
des voyageurs du ballon?

Ou bien, hypothèse toujours présente
sans que nul ose la dire, est-ce l'attaque
du dirigeable par un avion ennemi? Cette
alternative serait terrible et sans ressource.
Sous le ventre du ballon, écran opaque,
le pilote ne voit rien de ce qui se passe au
firmament. Un fokker, un gotha peuvent
décrire pour l'attaquer les spires de la
descente. Assourdi par le vacarme de
ses propres moteurs, séparé du ciel par
son énorme plafond d'étoffe, l'aéronaute
l'ignore. Tout d'un coup, l'enveloppe
crevée d'une balle ou d'une flèche, il se

sentira précipité vers l'onde, et détruit, rôtissant dans un panache de gaz qui flamboie, sans savoir d'où ni comment vient l'incendie mortel. Ainsi moururent quelques dirigeables.

*
* *

Tandis que le ballon poursuit au-dessus de la Manche sa patrouille vaine ou fructueuse, mais toujours voisine du danger, le port d'attache, d'où il est parti et où il va revenir, continue son existence multiple et laborieuse. Malgré le travail, nul n'y oublie le grand camarade parti en ronde; chaque radiogramme émané de lui, chaque message qu'on lui adresse est immédiatement connu de tous les marins éparpillés sur le territoire d'aérostation, par des moyens subtils et contre lesquels aucune discipline ne peut prévaloir.

A quoi bon, d'ailleurs, priver sciemment une unité du plus puissant moyen de cohésion : la connaissance de la besogne faite à mesure qu'elle s'accomplit. Du moment que les hommes sont persuadés de la loi du silence vis-à-vis de quiconque n'est pas qualifié pour savoir, du moment qu'ils ont donné toutes preuves de ce mutisme indispensable aux opérations de guerre, il est bon que l'œuvre préparée par la communauté soit commune à tous.

En cas d'indiscrétion, il n'est guère malaisé au commandant de traquer son origine et d'évacuer les bavards. Mais on compte les exemples d'un groupement fidèle, bien tenu en main, trahissant la foi mutuelle entre qui ordonne et qui exécute.

Ainsi, la préoccupation de la patrouille actuelle hante les hommes qui besognent au centre afin de préparer l'heureuse issue de la prochaine. Cette pensée, les nouvelles qui la nourrissent forment le lien entre l'activité du tailleur qui examine les enveloppes au repos, celle des mécaniciens qui règlent les moteurs sur le banc d'essai, des ouvriers fabriquant à l'usine l'hydrogène des récupérations, des matelots sans spécialité qui transportent entre wagons et magasins les substances variées que le centre dévore journellement, des fourriers penchés sur les inépuisables écritures, des cuisiniers enfin, transpirant au milieu des marmites et percolateurs, et sur qui reposent la bonne humeur et le joyeux estomac. Sous la surveillance des officiers, tous les bras sont attelés aux ouvrages sans nombre, et les esprits, frustes ou déliés, connaissent l'utilité de ces ouvrages.

La vie au grand air, l'unité de l'idée, la confiance réciproque, créent une âme et une vigueur. Quelles que soient les tâches inattendues, de jour ou de nuit, quels que soient les retardements de sommeil ou les avances de réveil, le grognement est supprimé. Lorsque tout va, la machine marche sans heurt. Quand quelque chose bute, — et les aviateurs, les aérostiers de guerre savent combien l'occasion en est fréquente, — le faisceau des ardeurs indi-

viduelles fait bloc pour résoudre le péril,
et la mauvaise aventure passe.

Dès que le ballon a radiotélégraphié son
heure probable de retour, le veilleur du
centre examine sans inattention la grande
zone du ciel qui surplombe le rivage. L'incertitude des vents, les épisodes du vol ne
permettent guère de préciser le secteur de
firmament par où retournera le dirigeable.
Entre le nord et le sud, tous les paris
sont permis; les vallonnements du terrain
cachent l'horizon suivant des écrans plus
ou moins hauts; le veilleur doit lutter
d'acuité visuelle avec tous les camarades,
qui, sans en avoir l'air, trouvent moyen
de surveiller à la fois leur besogne et le
ciel, afin que le découvreur crie d'une
voix de stentor : « Ballon en vue! » et
devienne aussitôt le héros du jour.

L'empyrée des Flandres est bien déce-
vante. Le regard des spécialistes y a bien
souvent distingué le dirigeable là où des
profanes n'apercevaient que houppes de

nuages, clartés tamisées par la pluie, ou bien l'albumine neutre d'un brouillard. Pourtant, le ballon est là-bas.

Le doigt tendu du découvreur l'indique à ceux qui cherchent encore. Qu'il est difficile d'accrocher un fantôme dans l'immensité des blancs, des gris et des ardoises! Un homme, et puis l'autre, et puis tous, discernent enfin cette ombre lavée qui pousse de l'épaule dans son nimbe de tulle vaporeux. Pendant longtemps, elle y semble immobile; ceux qui attendent s'inquiètent de savoir si elle en sortira jamais.

Et tout d'un coup, jaillissant de l'incertain dans le clair, le ballon se montre très près, coloré et lumineux, beau sur le ciel comme un monument sur un site parfait; il s'incline déjà vers le sol dans un geste de fatigue, et commence les grandes orbes dont la dernière le coulera sur le point choisi pour son atterrissage.

Un coup de gong ou de clairon lance tout l'équipage sur le terrain. Au pas gymnastique, chacun se précipite, de peur que la vitesse du ballon, même réduite, devance les jambes humaines. Un matelot porte la grande flèche de toile blanche et roulée qui sera étendue sur le sol, y indiquant le lieu d'arrivée ainsi que la direction du vent.

D'en haut, le pilote aperçoit ce repère, il calcule sa dernière volte pour s'arrêter au-dessus de lui et dans le sens qu'il indique. Autour du but, les mêmes équipes se reforment qui ont accompagné l'appareillage. Officiers et matelots, dans un grand silence, examinent la dernière courbe aérienne du dirigeable. Ils n'ont pas besoin de se communiquer leurs impressions.

Le chant du moteur, les hoquets de l'échappement, le diapason de l'hélice, renseignent sur l'état de santé ou de fatigue de toute la propulsion en fin de patrouille; aux mouvements des gouvernails de profondeur et de direction, à la manière rapide ou paresseuse dont le dirigeable y obéit, l'on devine si le voyage l'a alourdi, ou s'il revient fringant comme au départ. Suivant ces constatations, selon l'humeur de la brise présente, les équipages prévoient une arrivée facile, ou le proche besoin de présence d'esprit et de force musculaire.

Le ballon a pris la ligne droite et se dirige sur la flèche. Là-haut, à cent ou à cinquante mètres, le pilote n'est point plongé dans les mêmes vents qui règnent au sol; bien mieux que nous, il connaît le caprice actuel de son dirigeable, celui qui a mûri pendant toute la patrouille, et contre lequel il va lui falloir lutter.

Il a choisi la hauteur où il veut s'arrêter au-dessus de la flèche, afin que, une fois ses hélices stoppées, il ne reparte pas comme une balle vers le ciel ou ne tombe pas lourdement sur le sol. Il manœuvre des bras, des mains et du lest, pour maintenir à cette hauteur sa monture inquiète.

Avant d'arriver à la flèche, il laisse tomber son guide-rope et coupe les moteurs.

Le ballon continue sur son erre. Les équipes terrestres courent à la corde, l'empoignent, l'accompagnent au galop. Tous les bras sont roidis pour retenir le ballon. Quand la hauteur d'arrêt a été trop faible et que le ballon se trouve trop léger, des hommes suspendus au guide-rope sont soulevés de terre comme des fétus, et il arrive que ceux qui se sont mal accrochés s'écrasent dans leur chute. Si le ballon était trop lourd, il tombe immédiatement, au risque de briser sa nacelle sur la terre dure, et le pilote n'arrête la descente que par des jets précipités de lest qui aveugle les équipes.

A force de poignets, le dirigeable tiré par son guide-rope approche et touche le sol. Comme au départ, les groupes de manœuvres se répartissent immédiatement, l'encadrent, le conduisent jusqu'au grand hangar où il se repose enfin. On le charge de sacs de sable; on l'amarre aux poutres métalliques. Les passagers sautent à terre et content les incidents de la patrouille. Il y en a toujours, même quand la besogne militaire est nulle. Des télégrammes, des coups de téléphone, renseignent immédiatement sur l'heureux retour tous les postes attentifs aux voyages et à la santé du dirigeable.

*
* *

Pour le personnel aussi bien que pour les ballons, la période de repos commence alors. Quelques heures vont s'écouler avant le travail de l'après-midi et la patrouille du soir. Sans doute, lorsque les circonstances atmosphériques le permettent et qu'une information subite recommande quelque patrouille instantanée — recherche de sous-marin, renseignements sur tel sinistre à grande distance, examen de chenaux semés de mines — il n'y a pas de repos qui tienne. Le mécanisme du centre se remet instantanément en fonction.

Mais notre besogne est surtout du premier matin et du dernier soir, quand le sous-marin est à l'affût au milieu des ombres décroissantes ou croissantes, aux heures où la statistique montre que sa destruction est la plus fructueuse. Dans la grande clarté du milieu du jour, il est vu plus facilement par les patrouilleurs maritimes, il le sait, et ne tente d'agir que dans les cas de sécurité. Sauf appel précis, les ballons laissent donc la surveillance aux bateaux et aux yeux des marins.

D'ailleurs ce moment de la journée est le plus défavorable à la navigation aérostière. Chauffée par quelques heures de soleil, même à travers le matelas de nuages, la terre transpire des vapeurs, des tourbillons qui mêlent de mauvais remous à l'instabilité atmosphérique. L'aéronaute contraint de se lancer dans ces chaos du milieu du jour est trop tourmenté de maintenir son ballon en ligne ou en assiette pour conserver le loisir de scruter la mer et tous ses accidents. Lui et ses compagnons sont cahotés par les cabrioles de la nacelle : le rendement de leur sens visuel devient médiocre. A l'aurore et au crépuscule, l'air encore endormi ou sur le point de s'assoupir accorde presque toujours aux patrouilleurs l'usage facile de leurs yeux.

Ainsi donc, aux alentours de midi, l'apaisement règne au port d'attache. Dans les casernements, l'on expédie la nourriture simple et riche, préparée pendant la patrouille ; les hommes qui ne sont pas montés prêtent l'oreille aux voyageurs du matin. Ceux-ci, causant plus tard avec des profanes, donneront peut-être à leurs aventures quelques touches romanesques : c'est le petit bénéfice d'un métier dangereux. Mais la rodomontade s'écroule rapidement en face des spécialistes ; leur savoir, leur intuition, leurs questions serrées, ont vite dégonflé les Tartarins de l'air ; vis-à-vis de ses pairs, l'aéronaute le plus exagéré en arrive promptement à ne dire que la vérité, la vérité toute nue, la seule qui compte.

De même, dans la case des officiers et sur un niveau plus élevé sans doute, ne s'entendent que discussions et propos de haute prudence. Cette case est petite, mais sa boiserie vernie charme l'œil, ses fenêtres s'ouvrent sur le grand air, et chacun, pendant la causerie du déjeuner, peut lancer des clins d'œil sur les nuages et les vents, adversaires ou amis de toutes les heures.

Quoique en pleine campagne, notre port d'attache est près d'une voie ferrée, la grande voie du nord de la France. Par les croisées de gauche, nous voyons passer la double chaîne sans fin des trains démesurés, et quelques minutes de marche conduisent à la station de cette ligne. C'est dire que les visiteurs sont fréquents au centre. Quiconque, montant ou descendant, peut perdre l'intervalle de deux trains et connaît l'un des aéronautes, envoie un coup de téléphone, et s'invite à déjeuner.

Militaires ou marins, Français ou Alliés,

civils ou chargés de mission, viennent journellement apporter à notre solitude les effluves des quatre vents de la guerre ; en échange ils cueillent les quelques notions superficielles qui leur permettront de ne point trébucher trop sur cette entité mystérieuse : l'aéronautique. Il n'est pas difficile de rédiger le catalogue des questions traditionnelles. A l'exception des camarades de passage, qui connaissent le métier, nous devinons les problèmes épineux, relatifs au volume, à la vitesse, à l'altitude, à la distance franchissable, à la besogne de patrouille, qu'on nous demandera de résoudre pendant les hors-d'œuvre. Les interlocuteurs qui ne savent rien, et qui l'avouent, sont supportables ; déférant aux explications simples, ils veulent bien en croire notre expérience.

Mais les plus mauvais sont les demi-savants, ou bien ceux qui ont avalé dans quelques revues de vulgarisation les articles de tel grimaud parfaitement ignare. A toutes les énigmes que l'innombrable essaim des aviateurs et aéronautes de l'univers s'épuise à résoudre, au risque de la vie, ces bons apôtres trouvent des solutions immédiates, renforcées par la certitude de n'en faire jamais l'expérience. Il faut les laisser dire; quelle que soit leur compétence en toute autre matière, mieux vaut abandonner la partie : tout le monde est content.

Lorsque est terminé le petit cours primaire, notre tour arrive d'interroger les visiteurs du jour. Ils surviennent d'Angleterre ou d'Orient, du front ou de Paris. Chacun porte son budget d'expériences personnelles et sait que nous ne trahirons point leur confidence. Tout le long du repas, la lecture des messages multiples arrivant au port d'attache renseigne sur les moindres détails de ce grand secteur terrestre, maritime et aérien.

Nos hôtes sont attirés dans la machine confidentielle et passionnante dont nous sommes un menu rouage; leur langue se délie, en gratitude de ce plaisir. Quotidiennement nous connaissons ainsi les grandes et petites nouvelles de quelques kilomètres ou de milliers de lieues : préparation d'offensive et effectifs prévus, échecs d'hier et espérances de demain, politiques lointaines et travaux proches.

Notre besogne peut être rude, supprimer tous répits, tous dimanches et nous clouer presque sans détente au petit coin de campagne où notre horizon se borne à un hangar, une station et des collines nuageuses. Mais nous avons sur bien des combattants le privilège d'avoir aperçu maint détail parmi les sous-sols de la guerre.

Le déjeuner ne se termine pas sans qu'une alerte aérienne ne vide subitement la table. Du nord, de l'est, de l'ouest, et parfois même du sud, appellent au téléphone les voix successives des veilleurs de Flandre. Elles annoncent la progression des moteurs ennemis.

Sur les grandes cartes piquées au mur, nous suivons cette marche rapide, jalonnée de ville en bourgade, ou de ports en estuaires. Quand le trajet fait prévoir un passage au-dessus du centre, nous sortons sur le terrain, et toutes les prunelles se rétrécissent pour surprendre au ciel les survenants. Ils passent à toute hauteur, comme des accents circonflexes pâlis. Leurs bombes vont dévaster quelque ville d'Angleterre ou de France, ou bien viennent d'accomplir cette belle œuvre.

D'autres fois, ce sont des avions solitaires pourvus de photographie et qui viennent, par les beaux éclairages, cueillir le dessin des objectifs pour les bombardements prochains. Quelques-uns vont très loin, jusqu'au milieu de la Manche, afin d'y prendre les nouvelles des sous-marins de croisière, ou leur radiotélégraphier la tentative que le gouvernement de Berlin leur ordonne.

Car, sur le Pas de Calais, circule le gibier le plus abondant et le plus désirable. Que ne donnerait point l'Allemagne, aussi bien pour sa réclame que

pour ses vengeances, si l'une de ses torpilles pouvait engloutir quelqu'un des sou-
verains, des ministres, des ambassadeurs,
des présidents du Conseil, des amiraux ou
généraux, des envoyés d'État ou des hauts
commissaires, qui embarquent et débarquent chaque jour, à chaque courrier, sur
l'une ou l'autre côte?

La surveillance des marins et des aéronautes a toujours déçu ce désir rageur.
L'Allemagne se venge en expédiant des
avions aux haltes et escales de ces adversaires de luxe. Jetées en cartes de visite,
les bombes manquent, à quelques minutes
ou à quelques heures, leur destinataire
désigné, mais déchiquettent plusieurs enfants, démolissent un bloc de maisons
inoffensives, et creusent sur le sol de
France leurs trous de haine.

Aussitôt identifiés le nombre, la route
et l'espèce de ces sinistres voyageurs,
nous les transmettons à tous les postes de
renseignements. Selon le fatalisme habituel, l'on n'y pense plus après quelques

minutes. La vie des combattants galope. Le passé est vite mort. Il faut se conserver en forme pour l'avenir. L'on demande au présent toutes ses détentes.

Sur le terrain dégagé, chacun se répartit suivant son talent ou son humeur. Des matelots dorment au soleil, le visage enfoui dans l'herbe naissante. Quelques-uns, par groupes de deux ou trois, se racontent les nouvelles du petit port natal et se confient leurs projets de permission, de fiançailles, d'après guerre. Plusieurs jouent au palet ou au ballon. Des philosophes cultivent le jardin dont le commandant escompte les légumes pour enrichir un ordinaire anémié par les restrictions.

Ces braves gens donnent à la terre les quelques heures de repos entre une ascension et la prochaine. Radis, pommes de terre, carottes et salades, choux et navets, ils en ont défriché le terrain, arraché les mauvaises herbes, creusé les sillons, planté les graines. Leur pensée d'aéronautes, abandonnant le ciel, se reploie sur la terre

féconde qu'ils fument, binent et surveillent suivant la pluie, le soleil et le jaillis-
sement des pousses. Grâce à eux, un lopin
de France aura fructifié et nourri. Il n'est
point si malaisé, même pendant la guerre,
de faire surgir les richesses de la glèbe,
puisque nos cultivateurs au rabais, gratui-
tement et sans rogner sur leur besogne,
auront empli le pot-au-feu du port d'attache.

Orgueilleux du potager, les officiers en
font les honneurs à leurs hôtes. Des agro-
nomes d'occasion discutent la précocité
des salades et pommes de terre. Le chef
de gamelle a soin de déclarer que la botte
de radis mangée tout à l'heure provient
du carré que l'on traverse. Ce tour du
propriétaire ne serait pas complet sans
une appréciation critique des poules,
lapins, canards, que nous engraissons avec
amour. Dans une grande citerne conte-
nant l'eau destinée aux productions
d'hydrogène, ces canards prennent leurs
ébats : il leur manque un peu de bourbe,

mais nous ne pouvons pas tout leur donner.

La dernière curiosité consiste en quatre cochons, achetés à bas prix, nourris avec des déchets de cuisine, et qui égalent nos ballons dans leur vitesse de gonflement. L'un même, trop goulu, est mort de surpression. Devenus plus prudents, nous octroyons aux trois autres la licence de quelque exercice. C'est plaisir de les voir trottiner partout, à l'horreur des jardiniers, cuisiniers ou dormeurs.

Voilà trois animaux qui peut-être deviendront champions de trot, mais assurément point créateurs de lard. Au tâter, leurs jambons sont durs comme bois, et leurs cris prennent un timbre où l'on ne sent nulle obésité. Pleins d'humour, ils entreprennent des sports amicaux avec les chats, chiens et autres frères inférieurs dont le port d'attache est fertile. Certains jours d'orage, de retentissantes escarmouches entre groins, gueules et museaux nous environnent; mais ce sont plaisanteries de bon voisinage.

Le journal de bord, celui qu'on n'écrit pas, s'enrichit de ces drames de basse-cour; ils apportent une distraction simple à notre existence austère, et, par la minceur des épisodes, gardent aux esprits l'élasticité nécessaire au travail et au danger.

Bientôt, arrive l'heure du train qui doit emporter nos hôtes. Pour nombreux que soient les convois lancés en vingt-quatre heures sur la grande ligne, il n'en est que deux dans chaque sens, l'un de jour, l'autre de nuit, qui prennent des voyageurs. Leur marche s'intercale entre marchandises, matériel et munitions. De ce côté-ci, l'on ne connaît plus les grands rapides qui descendent encore vers le sud de la France, dévorateurs de charbon et perturbateurs du trafic. Le plus pressé des voyageurs se met au pas des soldats et des obus.

De jour en jour, la densité du roulage et sa pesanteur s'accentue. Au début de l'année, les trains se succédaient à plusieurs kilomètres et le nombre de leurs wagons ne dépassait guère la trentaine. Imperceptiblement, mais avec certitude, les convois se sont allongés, et tous, désormais, alignent leurs cinquante wagons. Entre le fourgon de celui-ci et la locomotive du prochain, il n'y a souvent que deux ou trois longueurs.

Le roulement, les sifflements des deux trafics qui montent et descendent font un vacarme continu ; à mesure que nous cheminons vers la gare pour accompagner nos hôtes, l'œil découvre un immense ruban de voie ferrée où il semble qu'un train unique, piqué à intervalles par quelques flocons de fumée, se traîne d'un mouvement d'ensemble vers le sud ou vers le nord.

Avec des retards, le convoi de voyageurs s'arrête enfin à la petite station. Il est toujours comble. Dans son contingent, l'on ne voit que militaires ou passagers munis de toutes les cartes sacramentelles. Un civil doit exciper des raisons suprêmes avant d'usurper la place que pourraient prendre un permissionnaire, un officier, un chargé de mission.

Pour que nos hôtes trouvent une case, il faut avoir téléphoné au terminus; encore leur arrive-t-il de faire dans le couloir tout le trajet jusqu'à Paris : peut-être douze heures, peut-être dix-huit et peut-être vingt-quatre, si quelque bombardement a détruit des aiguillages ou si une rupture d'essieu, en rase campagne, a bloqué toute la ligne.

Sans phrases, l'on se dit adieu. Ce sont souvent de vrais adieux. L'air, la tranchée ou la torpille ont déjà rendu muettes bien des bouches qui nous souriaient à la portière, dans la petite station, au début des après-midi grises. Le train s'en va. On l'accompagne un instant du regard, et déjà l'on ne pense plus à ceux qui s'éloignent, car aussitôt surviennent les rames de wagons lourds, clos, ressorts aplatis et grincements, les rames qui poussent jusqu'aux premières lignes tous les aliments de la bataille.

Quand il fait mauvais temps et que nulle patrouille n'est possible, nous nous asseyons sur le remblai parmi les fils d'aiguillage, ou bien demandons asile au capitaine commissaire de gare, charmant compagnon, pour regarder passer les trains. L'ironie française a rendu célèbre cette occupation. Je n'en connais pas de plus légitime, pour quiconque n'a d'autre perspective entre l'aube et la nuit qu'un hangar de dirigeable. Il n'en est pas de plus passionnante lorsque l'on sait comprendre les symboles mobiles de tous ces trains de guerre.

Pas un ne se ressemble et ils ont tous un air de famille. Les mots tracés à la craie sur leurs parois montrent les noms héroïques des victoires d'hier et des efforts de demain. Ils viennent de partout; leurs inscriptions sont belges, italiennes, françaises ou anglaises; bien des voitures, qui auraient pu mourir sur quelque ligne secondaire et pacifique du pays natal, ont pris place dans les grands convois composites et alliés, tout comme le cultivateur qu'elles portaient jadis est intégré sur notre front immense.

Voici un train de permissionnaires. Suivant qu'il quitte le front ou qu'il y retourne, son allure n'est pas la même. Quand il porte vers les foyers, vers les épouses et les mères le bataillon de héros qui entendent encore les explosions d'obus et conservent dans les yeux les visions atroces, tous ces hommes sont calmes, silencieux et leur regard est perdu.

Entre la tourmente d'hier et le bonheur prochain, il n'y a place que pour du rêve. Leur âme, fatiguée d'endurance, approche la félicité de manière presque religieuse. Ils sont beaux, terribles, taillés dans du bois ou du métal. Les muscles de leur visage ont acquis cette dureté que modèlent la pluie, la boue, le vent et les attentes tragiques. Les bourguignottes ternies, les capotes roides ornent chacune un corps et un visage d'épopée.

Passant devant nous, reconnaissant

nos insignes, ils sourient sans paroles, et saluent d'un geste complice. Le grand hangar qu'ils aperçoivent leur désigne notre œuvre. A voix basse, tandis que le train s'ébranle, ils échangent quelques propos sur les ballons et l'air. Quelle que soit leur nation, les permissionnaires qui vont aux campagnes de France ou aux plaines d'Angleterre montrent le calme recueilli qui suit les grandes besognes.

Mais les trains du retour sont tumultueux. Sur les marchepieds et les toits des wagons, dans les guérites de veilleurs et accrochés au butoir, une bande de démons chantants, débraillés, énervés, interpellent tout ce qu'ils aperçoivent : objet, spectateur, chef de gare. La pensée collective de ces braves ne se trompe point. Il faut poignarder, il faut abolir le souvenir saignant de la permission.

Demain, les plus mâles énergies de ces hommes seront contractées pour recevoir et donner la mort. Aucune mémoire trop douce ne doit efféminer cet effort. Pendant la transition des longues heures de voyage, ils ont besoin du buvard de l'ivresse, l'ivresse des cris, des expansions masculines, du vin.

Des fleurs et des branchages, humbles souvenirs du clocher, verdissent les fers du wagon. Les victuailles dégorgent de la musette, et chaque visage est enluminé... Ceux-là ne saluent ni ne sourient... Bien plutôt, ils lancent de beaux jurons truculents, derrière quoi sourd la crispation des angoisses prochaines. Ils sautent sur la voie, cabriolent entre les wagons, serrent la main et embrassent le torse de quiconque se trouve à portée de leur poigne. Le tumulte de leur joie hurlante emplit chaque halte de la grande ligne. On peut pardonner. L'on doit même admirer. Ce sont badinages de tigres.

FLANDRES

Nord de France. — Hiver-été 1917.

A peine ce train de permissionnaires, montant ou descendant, a-t-il disparu au delà des aiguillages, voici poindre les locomotives simples ou doubles, qui trainent du matériel. Elles tirent avec de petits hoquets et des jets de vapeur bruyants, car leur charge est lourde.

C'est une batterie de 75. Les canons sont pressés au milieu des trucks, leur petite gueule déjà pointée vers le ciel, l'affût amarré par des cordes neuves aux agrafes du châssis. Ils sont à découvert, un simple capot de toile protégeant leur âme; ils pourraient servir à l'instant, car les artilleurs sont allongés sur l'affût et leurs munitions suivent dans les fourgons clos et craquants.

Aussitôt, monte un train de bois, de pierre ou de ciment, qui transporte à pied d'œuvre la matière des abris, des piliers de tranchées, les murailles de casemates. Ceux-là sont si pesants qu'ils semblent ne point vouloir glisser sur les rails; chaque arrêt, chaque démarrage s'accompagne de cinquante chocs en accordéon.

Ensuite, passe un train de chevaux. A travers le grillage où ils appuient leurs naseaux, on aperçoit leurs yeux luisants et doux; la vapeur de leur haleine, condensée par l'air froid, ressemble à un chapelet de chaudières bouillonnant au-dessous des toitures.

Deux minutes après, suit un convoi d'automobiles, de camions. Quand il monte, leur peinture est neuve et tous les métaux, toutes les bâches sont en forme pour le travail. Quand il descend, l'on dirait un bric-à-brac de ferraille. Tel châssis est boiteux d'une roue; à cette carrosserie manque le train arrière ou le radiateur; là, un obus bien placé a tordu toute la machine comme un fer à cheval : le carter pose sur le plancher du wagon; le pont arrière, les roues avant sont soulevés dans le vide; il y a des taches de sang sur le siège de crin défoncé.

Bientôt, chemine une pièce d'artillerie lourde. Elle seule et ses accessoires occupent un train unique, tiré par deux machines, poussé par deux autres; la masse en est si encombrante que, quand elle circule, le trafic subit de grands retards. La grosse pièce s'accroupit au centre du train, trapue, le tube horizontal, comme la trompe d'un éléphant posée entre ses deux pattes; tout son corps est badigeonné de zébrures vert sombre et gris terrestre, camouflage de ces caméléons d'acier.

Avec des retombées sourdes à chaque interstice de rail, les trains s'écoulent sans arrêt. Chacun d'eux forme un moellon mouvant du mur protecteur de la France. Il alimente la grande bataille dont nous entendons la rumeur diurne et voyons les étincellements nocturnes. Le grand œuvre s'accomplit à petite distance. Dans notre besogne particulière, nous n'en connaissons point les épisodes, dont le moindre ferait une plus noble Iliade que celle d'Homère.

A ceux qui combattent et réfléchissent, le plus étrange aspect de cette guerre est assurément son anonymat. Des millions d'hommes, enserrés dans mille secteurs, parqués dans mille cantons agrestes, enfouis dans mille cavernes, auront mené sur plusieurs milliers de kilomètres la bataille compartimentée.

Chaque groupe fait au mieux, sachant qu'à son côté, et bien loin hors de sa vue, hors de sa pensée même, les autres font aussi bien; il a confiance dans les décisions suprêmes de ceux à qui notre cause a décerné la souveraineté. Mais il ignore le comment, le pourquoi des tentatives qui peut-être signeront sa mort. Les plans officiels, dont il ne connaît qu'un paragraphe, — que dis-je? — une ligne ou un mot, ne lui enseignent rien sur le but de son risque prochain. Les comptes rendus et les journaux ne relatent que ce qui flatte et taisent ce qui coûte.

Qui donc oserait dire que les enfants d'une telle nation pèchent par excès de critique? Il faut n'avoir jamais risqué de mourir pour ne pas comprendre tout ce que contient de renoncement le don collectif, le cadeau de la vie, lorsque l'on ne sait pas les raisons de ce cadeau. Cette guerre a créé deux races d'hommes : ceux qui se font tuer, et les autres.

Pour ignorant qu'on soit des entreprises militaires et de leurs déchets sanglants, il existe un thermomètre sûr des événements du front voisin. Ce sont les trains-hôpitaux, et leur charge de blessés et de moribonds.

Lorsque rien ne se passe, hors la glane journalière et statistique de la tuerie sans fracas, la voie ferrée ne transporte qu'une fois, deux fois par jour au plus, les trains confortables et veloutés que désigne la grande croix rouge. Ils circulent en intrus au milieu du gigantesque trafic où nulle chose n'indique la mort, mais traduit au contraire de la force, du mouvement, des volontés tendues. Un voyageur venant des planètes se douterait à peine, en temps normal, que ce roulage de véhicules engendre les deux trains-hôpitaux, furtifs chemineaux de la nuit, où une poignée d'hommes saignent, délirent, ou cherchent un membre perdu.

Mais lorsque dans les communiqués s'impriment les termes « Violente canonnade », « Avance de quelques kilomètres », « Offensive locale », « Tranchée reprise », chacune des lettres de chacun des mots crée un nouveau train-hôpital. A toutes heures, et quatre fois par heure, si la bataille se prolonge, les Croix-Rouges s'intercalent désormais entre les trains de soldats et de matériel. Le moindre tiroir du plus petit wagon contient une torture silencieuse.

Chirurgiens et infirmières, circulant dans leur éternel pèlerinage de pitié, ne sentent plus la fatigue des roulements lourds ni des interminables arrêts. Tout au plus, lorsqu'ils mettent dans quelque station le visage à la portière, afin de chasser par les purs aromes de la campagne les relents d'iodoforme et de phénol, demandent-ils aux spectateurs respectueux quelques bouquets de fleurs ou un branchage de verdure. Ils en parent le chevet de ces enfants exsangues, les gardiens de la patrie, qui se sont tus en allant vers l'obus, qui ont chanté sous lui, et qui essayent de sourire, dans le triste train d'ambulance, pour consoler le cœur maternel des infirmières.

Que cela est beau ! Il n'est point de sacrifice que la France n'ait fait, mais le sourire de ses blessés, ce sourire qu'ont montré tous ses soldats au moment de la mort, il faut qu'elle se le rappelle. Dans les atroces dissensions où se complaisent les Français qui ne se battent point, pourquoi ne se souviennent-ils pas de la miséricorde infinie des combattants et des blessés ? Qu'ils prennent bien garde.

Au moment où il ne s'agira plus de mourir pour la patrie menacée, mais de lutter en elle-même, et contre ceux qui consentent à l'abaisser en face des autres nations, le spectre de ses morts se dressera et la mansuétude des survivants ne pardonnera plus.

Après le passage de quelques trains, l'intérêt du spectacle s'émousse. Échangeant des propos vagues, les officiers redescendent vers le centre des dirigeables, et, bien souvent, se débattent dans la boue visqueuse du terrain. Ces jours de pluie, trop nombreux, hélas! ouvrent à leur perspective une interminable après-midi, une soirée morne et sans goût. Quand le ballon ne doit pas sortir, une manière d'ennui s'installe. Chacun dans sa chambre, plus petite qu'une cabine de navire, tue le temps, qui a la vie bien dure.

Tel en profite pour mettre à jour registres et rapports; celui-là pour méditer
l'ordre des travaux prochains; l'autre,
qui n'a rien à faire d'urgent, gratte un
violon mélancolique ou barbouille quelque
aquarelle aussi humide que l'atmosphère
extérieure. Tous s'ennuient désespéré-
ment, écoutant sur la toiture de carton
bitumé la pluie qui grignote sans être
jamais rassasiée.

En désespoir de cause, l'on écrit des
lettres. L'on y met ce qu'on peut. Quand
on a filtré les détails interdits par la censure, les événements que la conscience
professionnelle ordonne de cacher, les
petites catastrophes techniques et sans
intérêt pour les profanes, il ne reste pas
grand'chose, pour ne pas dire rien. L'on
doit griffonner quelques pages pour le
correspondant créancier de six semaines
ou de six mois, et qui, dans son existence
de l'arrière, considère les gens du front
comme préposés à sa distraction. Ce cor-

respondant, on le déteste avec cordialité : s'il reçoit des lettres nourries, il n'y comprendra guère ; s'il en reçoit de banales, il trouvera tout de suite le temps de vous démontrer en huit pages votre devoir de chroniqueur militaire.

D'autres lettres, heureusement, sont plus agréables à tracer. Elles iront sous les yeux chéris, entre les mains vides qui, à grande distance, souffrent des mêmes monotonies de séparation. L'on voudrait pouvoir y mettre plus ; mais tout cela se résume toujours dans les mêmes tendresses inassouvies, dans les phrases qui voudraient être chaudes, et que fatiguent cependant la pluie, la solitude et l'inanité du désir.

*
* *

Dieu merci, le fonctionnement du port d'attache exige maints déplacements des officiers ou des hommes. Presque chaque jour, quelque difficulté se soulève, que l'on ne peut régler rapidement par la voie officielle et dont cinq minutes de causerie donneront la solution. Les périodes de pluie, de brume ou de grand vent sont favorables aux voyages d'affaires vers les différentes unités de la côte ou de l'intérieur. Elles apportent double plaisir : celui d'activer la vie du centre et celui de distraire par des spectacles nouveaux.

Quand l'horaire des trains permet de partir sur rail, on en profite; mais les trains sont rares, lents, et il ne faut pas remettre au lendemain, de peur que celui-ci ne ramène le beau temps, les patrouilles possibles, la nécessité de présence. Nos jours de vacances sont les jours mauvais, où l'on s'enferme d'habitude au logis. Pour conclure vite, nous prenons l'automobile, et, dans la grisaille universelle des vallons brumeux et des chemins mouillés, parcourons tel secteur de la grande zone où chacun travaille à la guerre.

L'habitude seule atténue cette sensation étrange de contempler un pays que l'on sait français, et où toutes choses visibles parlent d'Angleterre. Aux carrefours, de grands écriteaux indiquent en grosses let_ tres noires les instructions de la route : *Keep to the right* (1). *Speed limit : ten miles* (2). *Out of bonds* (3). *Stop* (4). L'on se croirait en quelque district du Sussex ou du Lancashire.

Des motocyclistes caparaçonnés de boue étendent les bras en croix au milieu de la route, et arrètent l'automobile pour lui demander la direction où ils doivent porter leurs dépêches. L'on a beau connaître l'anglais, il est impossible de rien comprendre aux mots français que les messagers prononcent : Kélis, Bitioune, Ioudreiuk, Ereuss. Le chauffeur leur tend un bloc-note, où ils tracent d'une écriture gourde le mot intraduisible ; chaque lettre est délayée par une goutte de pluie et apparaît déformée comme sous une petite

(1) Tenez votre droite !
(2) Vitesse maximum : 15 kilomètres.
(3) Passage défendu.
(4) Arrêtez !

loupe : « Ah ! oui ! parfaitement ! Calais...
Béthune... Audruick... Arras... » On
s'explique. On montre la voie.

La motocyclette démarre dans un jail-
lissement de boue, et, quelques minutes
plus tard, l'automobile traverse un hameau, où, toutes les trois maisons, une
grande pancarte montre des lettres inintel-
ligibles : P. O. = Y. M. C. A. = D. H. Q.
Sous ces pancartes, reçoivent stoïquement
la pluie quelques soldats en kaki brouillé,
qui ont vu le jour dans quelque comté
d'Écosse ou d'Irlande. Ce qu'ils peuvent
se dire est un mystère. Sans doute jugent-
ils que le ciel gris n'est point apanage de
leur terre natale.

Ont-ils appris le français? Personne n'en
peut jurer, car ces hameaux semblent vidés
de leurs habitants ordinaires ; femmes, enfants et vieillards sont aux champs. Bruine
ou brise, les villageois poursuivent patiem-
ment le labeur agreste abandonné par les
cultivateurs soldats. Par leurs soins, les
pâturages sont épais, les sillons verdissent,

et les troupeaux, nombreux, montrent de belles robes blanches et baies, luisantes et bien pleines.

Je ne sais point comment les halles des grandes villes peuvent enfler leurs prix au point que l'on connaît, mais je suis sûr que le cheptel de France fourmille au bord de toutes les routes. Et ce n'est point seulement aux Flandres que je l'ai vu.

Partout, sur l'étendue des terres fertiles, l'on retrouve la posture familière des paysans de France : l'homme musclé et lent, manches retroussées, accompagnant en camarade le couple des bœufs ou la paire des chevaux de labour; la femme penchée vers le sol, sa jupe formant une cloche qui chemine ; les enfants vagabonds, armés de la gaule ou sifflant le chien, et qui suivent l'automobile d'un grand bonjour de leurs petites mains.

A mesure que l'on se rapproche du front, le contraste devient plus poignant entre cette glèbe où s'accrochent les tenaces cultivateurs de France et ces bourgades hors de quoi semblent les avoir chassés les nouveaux hôtes de guerre. L'on se demande où peuvent bien gîter désormais tous ces laboureurs et pasteurs.

Métairies, fermes et cabanes sont envahies par les bourguignottes, les fusils, les bureaux. Non contente d'avoir subi le premier choc et versé le premier sang pour la cause de l'humanité, la France endolorie conserve son allure d'amphitryonne aimable, et offre à ses visiteurs, à ses défenseurs, ses logis les plus gracieux.

Vallons ou coteaux, bosquets ou mails, elle prête les heureux emplacements; là où flottait la tunique des druides passent les blancs turbans des Indous bûcherons; le long de cette saulaie, plantée au temps jadis par Jacques Bonhomme, un petit chemin de fer étroit se pousse d'heure en heure, et les traverses, les rails en sont posés silencieusement par des essaims de petits Tonkinois, dont le riz bout à l'abri d'un buisson; dans de grandes enceintes où d'innombrables chevaux d'Australie ou d'Argentine piétinent indéfiniment le sol mou, des palefreniers arabes portent l'eau ou la provende.

Tous ces pays-chauds sont dépaysés et souriants. Peut-être ont-ils les nostalgies du soleil, de la rizière bourbeuse ou des sables; mais ils savent bien qu'ils sont ici pour la protection de la terre fertile entre toutes, amicale avant toutes. La lente rumeur des canons donne de la permanence à cette idée. Quand ils retourneront aux étendues natales, nul ne peut deviner les contes qu'ils feront et le rêve qu'ils auront rapporté.

Mais pour bien des générations, sur les rives du Gange, ou près des pagodes vernissées, ou dans les oasis sahariennes, les vieilles femmes réciteront aux petits enfants la légende du pays mystérieux et doux que leurs aïeux auront aidé à guérir pendant sa grande maladie; notre immortelle patrie, qui a déjà fait quelque bruit dans le monde, aura pris dans tous les langages un nouveau bail d'immortalité.

La route se vide. Plus personne n'y circule sans montrer carte militaire. A toute distance, l'on aperçoit le petit drapeau mouvant des équipes de police. La voiture s'arrête et fait ses preuves... Pas un mot, deux saluts, l'on poursuit... De la mer jusqu'aux lignes, le filtrage est sûr... Et puis, à partir d'un certain moment, l'on erre en liberté. Dans cette région-là, chaque village a ses blessures : murs écroulés, toitures fendues, moignons d'arbres. Pour y être parvenu, il faut avoir franchi toutes les chicanes ; désormais, on y est entre amis, sous l'égide du canon.

Sur ces confins de la bataille, tout a été dit. D'ailleurs, nos besognes ne nous y maintiennent que le temps nécessaire à telle conversation rapide, où une entente s'établit, une difficulté se règle. A chacun son travail, et point de temps à perdre. Une franche poignée de main, accompagnée de trois mots d'adieu... et l'automobile remet le cap vers la côte.

Le filtrage se renouvelle ; ses mailles se

resserrent de plus en plus; l'on repasse les villages qui semblent transplantés d'Angleterre en France; kilomètre par kilomètre, la tension du front se relâche, pour faire place à cette curieuse atmosphère qui n'est plus la première ligne et n'est pas encore la sécurité du lointain arrière.

Les Flandres ignorent la sérénité des Auvergnes et des Poitous. Là même où la route se repeuple de carrioles et de paysans, là même où, sur la place du village, sont encore ouvertes les portes de l'estaminet ou la boutique du coiffeur, des bombes sont tombées hier ou tomberont demain.

Il n'est guère de lieux peuplés où les monstrueux approvisionnements militaires n'aient installé quelque dépôt. Ici gros obus, essence ou fourrage; là, subsistances, petits projectiles ou matériel roulant; ailleurs, explosifs, canons ou cavalerie. Les Flandres, la Picardie, sont un immense bazar de tout ce qui tue et concourt à tuer. Chaque guéret, chaque village

en est de bonne cible, et les Allemands ne
se font point faute d'y bombarder.

Cette marchandise guerrière s'accumule
et se comprime, tandis qu'on approche le
grand ruban de côte entre Belgique et Seine.
Sur dix kilomètres de profondeur, l'Angleterre et la France ont installé les formidables relais d'hommes et de matières. On ne
peut les reculer davantage, puisqu'il faut
qu'ils s'alimentent ou se vident par la
grande ligne ferrée, celle dont chaque rail,
en préséance sur toutes les autres lignes,
aura servi le plus à gagner la guerre.

Sables du nord, prairies du centre,
vallonnements du sud, tout kilomètre
porte son campement, son dépôt ou son
hôpital. Au nord, fourmillent les Belges
et leurs escadrons de cavalerie bien tenus;
ensuite, pendant des lieues, des lieues et
des lieues, chaque département pourrait
prendre un nom britannique; vers le bas,
le grand mélange, nourri aux dernières
semaines par l'accession de l'Amérique,
montre tous les uniformes de toutes les

nations qui travaillent avec nous. C'est une côte entière devenue caravansérail.

Voici un camp d'aviation, ses quinze ou trente hangars verts, ses appareils quittant ou touchant le terrain où l'herbe a disparu par l'infini fauchement des roues... Aussitôt après, un quartier de cavalerie, démesuré, borde la route de bâtisses poussées en champignons comme une ville du Far-West.

Un espace vide, juste ce qu'il en faut pour les extensions ultérieures, le sépare d'un camp de repos pour soldats anglais; l'on dirait quelque faubourg monotone et pimpant d'une grande ville anglaise; les abris de bois se succèdent le long d'avenues perpendiculaires à la grande route; leurs toits s'unissent en accent circonflexe répété à perte de vue; deux petits rideaux pincés à la taille ornent en blanc chaque fenêtre; tels les motifs identiques et répétés d'une laize de tapisserie, de petits dessins en pierres, en coquillages ou en boîtes de conserves ornent l'axe des avenues : ils entourent de petits tas de terre noire, et sur ces petits tas l'on a semé les mêmes graines, qui feront toutes les mêmes par-terres. Mais les soldats qui humeront les fleurs ne sont pas ceux qui les auront arrosées, encore moins ceux qui les auront semées.

Ensuite, s'étend une zone où dorment les gros obus ou les explosifs redoutables. Ils ne sont point tassés et empilés comme on eût pu le faire au début de la guerre, mais répartis sur de très vastes étendues, par masses, enfouis dans les caveaux. Vus du ciel, ces carrés minuscules eussent fait tache sur le vert ou le fauve des herbes, et même sur le brun de la terre nue. Ils sont donc recouverts de filets aux grandes mailles, parmi lesquels les camoufleurs faufilent des cartons découpés et peints à la couleur ambiante. A chaque saison, l'on modifie la forme et la couleur des cartons.

Les aéronautes, les aviateurs amis ren-seignent sur la visibilité ou la dissimula-tion de ces réserves précieuses. Même si quelque bombe atteignait l'une d'elles, le dommage d'explosion serait minime, car la distance des autres est ainsi calculée que la déflagration ne se transmettrait pas de proche en proche.

Le voyageur de la route, tout voisin cependant, les distingue à peine, et il ne se douterait guère qu'il traverse des caves d'explosifs suffisantes pour détruire un département, si une surveillance plus stricte, un chemin plus désert ne l'en avertissaient.

Quelques hectomètres plus loin, des hôpitaux et ambulances britanniques, pendant une lieue et peut-être plus, bordent les deux côtés de la route. Une multitude d'hommes bien rasés, bien lavés, vêtus d'amples calicots bleus, passe des heures de nonchaloir sur les chaises longues de toile grise ou sous les grands parasols d'étoffe rayée. Ce sont aussi bien les soldats trop gravement blessés pour qu'on leur fasse risquer le voyage de la Manche, que les malades des nerfs ou du cerveau, auxquels il faut éviter les émotions trop douces ou trop fortes de la famille.

Hors le double courant des permissionnaires réguliers partant et revenant, hors le double flot des recrues allant aux tranchées et des hommes définitivement libérés, il est impossible d'encombrer le trafic maritime avec tous ceux qui sont trop ou insuffisamment atteints.

*
* *

Ce trafic maritime, nous le voyons de temps en temps aux ports où nous mène notre besogne. Le charroi humain, qui, dans les temps pacifiques, s'y confinait aux quais et aux gares, encombre désormais toutes les ruelles, les rues et les places proches des bassins, envahit les faubourgs, déborde au delà des octrois par ondes croissantes avec chaque semaine de guerre. Approchant ces villes maritimes, l'automobile rencontre des circulations de plus en plus troublantes : la vitesse diminue jusqu'à devenir celle d'un homme au pas, les coups de volant et de frein se précipitent.

Un bataillon fraîchement débarqué gagne ses cantonnements et couvre la route ; un infini troupeau de bœufs, guidé par deux quadragénaires placides, décrit d'innombrables trajectoires cornues d'un fossé à l'autre ; une théorie de tracteurs, à essence ou à vapeur, menés par des conductrices aux visages souriants et aux mains crispées, ébranle pendant un quart d'heure les deux tiers de la route : chaque enfoncée des bandes de caoutchouc dans les flaques de bourbe en fait gicler quelques litres sur l'automobile et ses voyageurs.

Dans l'autre sens, gagnant les quais, glissent avec douceur les voitures de la Croix-Rouge : lorsque le beau temps permet d'entr'ouvrir leurs courtines, l'on aperçoit les visages pâlis au bout de la couchette légèrement inclinée, les yeux revenus de la mort qui s'ouvrent avec délices sur le mouvement de la route, preuve de vie, les bouches qui lancent au passage une interjection amicale, les mains osant sortir des couvertures, qui sollicitent pendant les arrêts une cigarette qu'on leur passe en tapinois.

L'octroi, les piquets de surveillance, les barrières sont enfin passés. Par les nombreux sentiers des rues aux pavés inégaux, le charroi se ramifie, se dilue. Entre faubourgs et quais, l'on côtoie des jardins enclos de grilles, des fortifications crénelées, des boulevards de platanes, des hôtels de ville à beffroi et carillons, de petites places où le marbre et le bronze d'une statue est verdi par la pluie, et enfin l'on plonge dans ce méandre étroit et sinueux qui avoisine les ports.

Les rues sont glissantes et inclinées. Aux carrefours étranglés, attelages de chevaux, camions massifs, automobiles sveltes, tramways inébranlables, piétinent, cornent, sifflent et sonnent. Un surveillant du trafic dirige tant bien que mal, avertisseur de collisions, le flux et le reflux du quai : il lève la main, il crie en anglais, car neuf sur dix des survenants ne comprennent que l'anglais, et ce régulateur du trafic est un ancien agent de police de quelque cité anglaise.

Par une venelle tortueuse, l'on débouche enfin sur les quais. La plupart du temps, le mélange de la bruine atmosphérique et des fumées de navires rend presque indistincte l'énorme accumulation des bateaux surélevés par la marée haute, ou bien, au jusant, ensevelis par les murailles droites des embarcadères.

A la marée basse, l'on n'aperçoit qu'une plantation de pointes de mâts émergeant à peine des rebords de pierre : ce sont les chalutiers, dragueurs, torpilleurs, empaquetés sans interstice, leur quille touchant la vase, dans un empilement qui semble inextricable. Ils ont la couleur des eaux et des ciels où se poursuit leur éternel labeur. Aucune plaque de peinture ne subsiste sur leur coque ou leur pont.

Les équipages, silencieux, aux épidermes confondus avec leurs vêtements de teintes neutres, pratiquent les menues besognes d'entretien ou d'arrimage. Entre les travaux de veille sur la mer tourmentée et ceux de réparation à l'abri des quais, il n'y a jamais de répit.

A peine le flot montant aura-t-il empli les chenaux, permis l'ouverture des écluses, et tout ce pullulement de mâtures, de bossoirs, de vergues, de voiles ou de cheminées, se déliera comme par magie. Amarres lâchées, voiles hissées, gaffes manœuvrées, hélices lancées, rendront à chacun des bateaux son autonomie vivante; des rubans d'eau grandissants seront visibles entre les carènes. L'espace manque, le courant est fort, la brise contraire, mais l'adresse des commandants et pilotes ordonne ce désordre par un prodige de volonté collective.

A la queue-leu-leu, par paquets de trois ou quatre, toute la famille des petits bateaux se faufile entre les jetées, où les dernières ondulations de la houle mauvaise balancent déjà les mâtures. Aussitôt dépassés les môles porteurs de phares et de signaux, le chevauchement des vagues bouleverse la flottille, plaque ses écumes sur les ponts glissants et les visages crispés ; toutes les coquilles s'enfoncent, sautent et roulent dans le déferlement gris ; bientôt, chacune s'égaillant sur son chemin de ronde, l'on n'apercevra plus, au bord de l'horizon indistinct, qu'une palissade de mâtures indéfiniment ballottées.

Dans le même temps, retournent au port toutes les escadrilles qui finissent leur veille ou leur pêche. De l'étendue moutonneuse, chacun des bateaux arrive isolément, caboté sur les sillons de la vague ; ils s'agglomèrent par deux, par trois, et forment enfin des lignes convergeant vers l'étroite ouverture des môles, comme une colonie de fourmis cheminant vers son trou.

Entre les jetées passent à contre-bord, presque à portée de la main, les flottilles de bateaux sortis de la tourmente et de ceux qui vont la chercher. De pesantes averses fouettent leurs gouttes aux peignes d'écume; des semailles de grêle tambourinent cheminées et voiles; les rasoirs du vent hachent paupières et lèvres. Tous ces farfadets de l'onde, estompés dans la bourrasque par l'inépuisable écran de la pluie, glissent au ras de l'eau en une danse de fantômes où nul ne se heurte jamais.

Au milieu de ces entrelacements foncent les formidables paquebots. Leur étrave dressée, émergeant de la brume, ressemble au pied d'un homme sur le sentier des insectes. On croirait qu'elle va broyer sans savoir les minuscules bestioles. La sirène avertit; son rauque ululement se mouille et se dilue; des coups de sifflet hachés répondent; les rafales transportent ces cahots de bruit; l'œil, l'oreille, la main des matelots ne se trompent pas, savent discerner les formes, les appels, les manœuvres dangereuses, et aucune collision ne vient engorger le charroi battu par la tempête.

Pendant ce temps, la ville maritime travaille en tous ses organes : par engorgements à chaque courrier, par détente régulatrice dans leurs intervalles. Le long des trottoirs s'alignent des compagnies de soldats anglais, encore un peu pâlis du mal de mer et recevant stoïquement l'averse : officiers et sous-officiers les mettent en ordre tant bien que mal ; des revendeuses leur proposent oranges et chocolats ; des gamins promènent dans leurs rangs les journaux délavés par l'ondée.

Plus loin, de robustes coltineurs chargent sur des camions les carcasses de moutons et de bœufs réfrigérés, enveloppés de mousseline blanche. Dans quelques minutes, ces viandes partiront vers les hôpitaux, les lignes d'arrière ou le front. Sur le tissu protecteur, la pluie fait des taches rougeâtres de sang dilué

Entre deux trains en mouvement, une escouade de travailleuses anglaises subit l'inspection de la femme sergent ou sous-lieutenant. Ce sont des dactylographes,

des lingères, ou des téléphonistes. Elles
ressemblent à autant d'images d'une réclame de confections militaires : feutre
ourlé à gauche, faux col à cravate bleue
ou kaki, corsage et ceinture, jupe, couleur des bas et modèle de chaussure sont
strictement réglementaires : nulle ne se
permet une boutonnière de trop et chacune peut montrer le même nombre de
croisements au lacet de sa bottine. La
teinte de l'uniforme varie suivant les
escouades : gris, chocolat, kaki, bleu
clair à revers garance; mais dans une
même escouade, la nuance ne varie pas
d'un demi-ton. Il n'y a de fantaisie que le
volume individuel des poitrines.

Errants, ennuyés, des essaims de matelots ou de soldats anglais piétinent les trottoirs étroits en attendant le prochain bateau ou le train du front. Aux vitrines
troublées de pluie, ils stationnent et discutent, sans intérêt, les étalages de pâtes
dentifrices, de cacao, de cartes postales.
La discipline leur défend l'usage de l'esta-

minet. Alors ils vont, philosophes et mouillés, comme nos tourlourous aux beaux dimanches des garnisons.

A bout d'humidité, ces exilés se réfugient dans les cinématographes qui s'ouvrent à la nuit tombante, c'est-à-dire bien peu d'heures après midi. Le foisonnement des cinématographes est un des phénomènes de l'arrière-front. Chaque rue de chaque ville s'orne désormais d'une façade en carton-pâte, aux affiches rutilantes. Les théâtres municipaux mêmes, escales passées de la vieille opérette française, ont remplacé la rampe par l'écran et l'abbé Bridaine par Charlot.

Je me souviens d'un jour où, pour fuir une averse par trop liquide, je me garai avec mon compagnon de besogne dans le grand théâtre du lieu. Parterre, loges et amphithéâtre pouvaient bien réunir 1 200 personnes; chaque place était prise; il n'y avait que deux uniformes français, les nôtres. Tout le monde y parlait anglais, sauf nous... et encore!... L'on eût pu se croire en quelque ciné-palace de Birmingham ou de Glasgow.

La nuit des villes maritimes est impressionnante. Menacées par l'air et par le large, elles s'ensevelissent dans une ombre qui rend plus noire la brume et la pluie. Pas un réverbère ne pointe au long des rues. Toutes les fenêtres sont aveugles. Sur les trottoirs circulent des ombres qu'on ne distingue qu'au bruit des talons. Chacune porte sa lampe électrique, l'allume aux croisements des rues, à l'approche de pas. C'est un clignotement de vers luisants à hauteur de poitrine. On heurte un bec de gaz et on lui demande pardon ; l'on fait tomber un enfant et l'on croit que c'est un chien. Paroles chuchotées, jurons étouffés : voilà les bruits du noir.

L'alerte aérienne ou maritime sonne presque chaque nuit. L'un après l'autre, se répondant et transmettant le danger, les clairons des navires lancent les sonneries qui roulent le long du port. Au passage des rues, on les distingue plus nets ; entre les blocs de maisons, ils arrivent par-dessus les toits et filtrés par la brume, comme une plainte.

Les rares passants se faufilent au ras des murs et écoutent. Des rumeurs déchirent l'enveloppement noir et pluvieux : chutes de bombes, assauts de contre-torpilleurs ennemis, réponses antiaériennes. Vingt-quatre heures apportent toujours une blessure à cette côte. Les plus affreuses ne sont pas celles qui font le plus de bruit. Combien de drames assourdis par l'ouragan ne sont connus que par l'épave ou les cadavres jetés sur la côte au petit matin !

Dans cette obscurité tragique, toutes besognes achevées, nous reprenons l'automobile qui va nous reconduire au centre de dirigeables. Sans lumière, tâtonnant, elle trouve son chemin dans le lacis des ruelles ; bientôt après, au milieu de la campagne, elle dévore une route étrange comme quelque allée de cimetière.

Là où, le jour, nous avons vu l'accumulation des camps et des êtres vivants, pas une lumière, plus un homme ne semblent exister. Toute construction semble rentrée sous terre Les convois nocturnes, qui se traînent sur la route, passent en frôlements, sans bruit ni clarté. C'est la lande de Shakespeare, avec ses démons, ses mouvements, sa luxuriante existence de destinées invisibles; il n'y manque même pas les rougeoiements silencieux, éclos partout sur la terre, sur la mer ou dans le ciel, et qui sautillent, insaisissables, bouffées de mort aussitôt éteintes.

Parmi les ombres humides, des montées et des descentes invisibles glissent sous les pneumatiques; les arbres indistincts dégouttent sur le capot; les vallons et les collines passent au travers de l'air dépoli. L'on arrive au centre. Le grand hangar est trouble comme un géant noir vu à travers des larmes.

Au bord du chemin, un spectre armé du fusil interpelle la voiture; c'est le factionnaire capoté, ruisselant. Il eût tiré sur quiconque n'aurait point fait entendre le mot ami; après avoir promené sa lanterne sous le visage de tous les voyageurs, il laisse passer, et, quelques instants plus tard, nous débarquons dans la cabane de bois, souriante et sèche, où les reflets du gramophone, les cartes marines, les yeux phosphorescents de nos chats, nous offrent une bienvenue.

Bien nourri, le poéle ronfle et chauffe. On le trouve très amical après les brumes, les neiges ou les glaces du jour, sous le crépitement de l'averse qui tambourine le toit mince. Chacun dévét les caoutchoucs miroitants, les cache-nez trempés, les bottes, sources de ruisseaux, les casquettes qui font flac.

Sur la table, quelques assiettes, ornées de couverts et de conserves, encouragent l'assouvissement de l'appétit décuplé par le froid. Auprès de cet ambigu, reposent les registres des télégrammes et téléphones arrivés en l'absence du commandant. On les feuillette : nouvelles sous-marines, alertes aériennes, documents aérologiques, ordres supérieurs, tout est là.

Par deux ou trois lignes, sur deux ou trois feuilles, les messages sans mots inutiles traduisent l'existence du triple secteur. On les lit et les interprète. Une tartine en main, l'on suit sur les cartes le parcours d'un sous-marin ou le vagabondage des avions; au cas où il fera beau, le travail de l'aurore prochaine est défini.

La porte de la cabane s'ouvre. Tout ensemble entrent une bouffée de froid humide et le télégraphiste de service, peut-être un ou deux chiens aux poils coagulés. Le télégraphiste apporte la dernière information. Il l'a reçue dans sa petite cabine où, entre le téléphone, les bandes de papier bleu et les récepteurs radiotélégraphiques, son hamac est suspendu. Le pauvre garçon ne dort guère. L'écouteur aux oreilles, il fait semblant de s'assoupir entre deux appels. Avant la guerre on connaissait le sommeil du gendarme; un nouveau sommeil s'est créé : celui du téléphoniste.

Pendant cette bienheureuse période qui précède le sommeil définitif, il perçoit au fond de ses tempes la subtile friture de l'électricité. Est-ce un rêve? Est-ce une hallucination sonore de la pluie? Sur son tympan s'acharnent des batteries de tambour précipitées. Il se tire de sa somnolence toute fraîche, et entend que Paris, ou Dunkerque, ou le Havre, l'appellent en haletant. Il écoute, écrit, se lève, et porte à l'officier de service le message d'extrême urgence.

Sur ces documents, l'on médite, l'on arrête la patrouille aérienne du lendemain matin, si le vent consent à mollir et la pluie à se suspendre. Avant de gagner les étroites couchettes, éternellement humides, où l'on prendra quelques heures de repos hachées par l'afflux de nouvelles, l'on va faire une visite au hangar pour s'assurer que le

ballon de prochaine sortie est au point.
Pendant les quelques mètres parcourus
au grand air, les pieds s'enfoncent dans
des flaques d'eau ou de boue, les visages
s'écrasent aux haubans métalliques du
hangar.

L'intérieur du hangar ressemble à un
sépulcre gigantesque et moite. Par les
usures du toit passent des gouttelettes
d'eau qui tombent sur les ballons et y font
un bruit monotone de bille sur un tambour. Les quelques lampes électriques,
apposées le long de la grande structure, y
semblent endormies par la buée. Le pas
des deux factionnaires, écrasant le plancher de terre, résonne avec des échos
sourds.

Les ballons se soulèvent et retombent
paresseusement, chantent, craquent, pendant leur somnolence inquiète. Dans la
nacelle de chacun d'eux, une ampoule électrique éclaire doucement les cadrans des
manomètres, des baromètres, des instru-

ments de mesure; quelques reflets se dispersent et dessinent les cylindres d'acier, les ailes brunes et luisantes de l'hélice; d'autres montent et luisent en pénombre au ventre d'or ou d'argent de l'enveloppe.

Tout cela est triste, un peu mystérieux, et chacun baisse involontairement la voix en discutant les indications des cadrans, les probabilités de sortie à l'aurore. Entre deux phrases chuchotées, le tumulte d'explosions lointaines fait trembler la terre et vibrer l'air mou. L'on s'arrête de parler; respiration suspendue, l'on attend la fin.

Alors, une rafale rageuse vient s'abattre sur le hangar; les toiles battent; les poutres de fer murmurent à chaque rivet; une irruption de filets d'air froid passe par tous les interstices, et les deux ballons, tourmentés, oscillent et sautent, comme pris de peur.

Certaines fois, un seul des hôtes du hangar l'emplit de son grand volume. L'autre gît par terre, dégonflé et piteux. Il ne montre plus, sur le sol de ce caveau, qu'un amoncellement d'étoffes froissées, mortes. Ce n'est point toujours l'œuvre lente de cette maladie de l'air dont nous avons parlé, mais peut-être le résultat d'un accident de vol, d'une blessure soudaine qui lui a fait perdre tout son gaz, de même qu'un homme en perdrait tout son sang. Pour moins frapper l'imagination que les tragédies de l'aéroplane, celles du dirigeable sont aussi brutales. Seules, d'extraordinaires prudences et une incomparable maîtrise peuvent éviter la destruction du ballon et de son équipage.

Le dirigeable est parti, fringant, ni trop pesant ni trop léger, par une atmosphère favorable, et a gagné les parages, l'altitude où il navigue bien, où sa vue est bonne, son œuvre utile. Toutes choses vont au mieux. Dans les oscillations de hauteur, le pilote chasse le gaz quand il monte et, quand il descend, envoie dans les ballonnets, par ses ventilateurs, l'air qui maintient la pression et la rigidité nécessaires. Les moteurs tournent avec régularité, et l'oreille ne perçoit aucune de ces défaillances de mauvais augure. Les embrayages sont honnêtes à chaque descente, le ventilateur se lance avec un joli ronflement, le manomètre de pression ne baisse pas, le pilote sait que toute l'enveloppe conserve, sans plis ni affaissement, sa forme unie de coin aérien.

Mais la diversité de sa patrouille et le caprice incessant des hautes atmosphères lui font traverser des brumes ou des pluies. Chaque pouce d'étoffe s'imprègne et s'alourdit.

Malgré les jets de lest et les manœuvres de gouvernail, le ballon devient une bête de somme, de qui chaque seconde augmente la charge, par grammes d'abord, et puis par kilogrammes et enfin par quintaux. Il succombe sous le faix et amorce une descente qu'aucun effort n'enrayera plus. Tant qu'il reste du lest, le pilote atténue cette vitesse de descente, et, gouvernant vers le bercail, utilisant les vents, essaye de ne toucher le sol qu'au port d'attache, ou en ses environs.

Alors, le grand drame de la navigation aérienne demande à ses acteurs les vertus suprêmes. Le commandant de voilier pris dans un cyclone, le capitaine d'un vapeur désemparé, perdu au voisinage des récifs, ne connaissent qu'en violence, non en rapidité, les problèmes de l'aéronaute domptant un ballon rebelle.

Il faut lutter contre tout, contre l'air du dehors dont les diableries ne manquent jamais d'aggraver la catastrophe; contre la mer ou la terre d'en dessous, prêtes à vous engloutir ou à vous déchirer.

Le corps entier fonctionne au paroxysme : pieds et mains aux pédales et soupapes; yeux estimant la vitesse de tout ce qui se voit ou ne se voit pas, sol ou vent; bouche criant à l'équipage les ordres sans appel ni retour, parce que le moindre en signifie perte ou salut; cerveau lucide au pire danger, rapide comme la rafale.

Napoléon, connaisseur en facultés humaines, affirmait qu'il est difficile de montrer du courage la nuit. Nul ne peut, touchant les diverses qualités du courage moderne, préjuger des maximes que lui eussent suggérées la guerre présente. Mais il aurait sans doute attribué une palme exceptionnelle aux aviateurs ou aéronautes en péril. Ceux-là ne réclament pas seulement du courage, mais encore cette énergie de lutter par raison et par technique. Là dedans, nulle exaltation : la certitude du danger, l'ignorance de la minute prochaine, et le dressement contre soi d'un océan de forces hostiles.

Ajoutez le surmenage des vitesses, devenues supérieures à celles des trajets nerveux dans notre corps, la fatigue du cœur, des poumons, des pupilles, plongeant et bondissant dans des milieux de hautes ou basses pressions, les grelottements et les crampes, la fièvre de l'esprit aux mille décisions : vous comprendrez que le courage ne suffit point à l'homme pour en faire un homme aérien.

Notre bâtisse n'est point encore soutenue par les os de fer, ni pourvue des sens élastiques, que l'ingénieur aurait dû nous donner dans le même temps qu'il supprimait la distance et l'altitude. Faut-il s'étonner, dès lors, que dans cette carrière aient péri tant d'êtres nobles qui se fiaient à leur seule audace pour y survivre glorieusement?

La tentative aérienne est le privilège d'une trinité : le courage, le cerveau, le corps. Des hommes, à leur début, peuvent réunir ces trois attributs; le redoutable effort des airs peut même leur laisser intacts les deux premiers, quand le troisième, leur corps, a trahi depuis longtemps. Aujourd'hui, l'homme aérien dure peu. Trop d'entêtement le conduit vers la mort.

Dans quelques lustres, la race de nos enfants sera sans doute mieux musclée, poumonée, gréée, pour de durables carrières atmosphériques. Chaque âge, semble-t-il, engendre la vigueur physique qui lui convient. Les guerriers d'Azincourt s'enharnachaient d'une carapace de fer qui écraserait nos soldats d'aujourd'hui, et ces mêmes guerriers eussent pris la fuite sous un bombardement moderne, mourraient de peur dans un sous-marin.

Le courage avec la vie se transmet par générations, mais chaque génération modifie les manières d'en faire usage. Nos enfants riront peut-être des courtes randonnées, des innombrables renoncements aériens dont nous leur transmettons le souvenir, et que leur nouvelle texture leur montrera comme jeux d'écoliers ou défaillances : ils auront tort.

Cependant, l'aéronaute se débat avec son ballon devenu rebelle. Le véhicule descend irrésistiblement; de plus en plus lourd, il obéit de moins en moins à ses gouvernails; les brises variables le prennent, le lancent de remous en remous.

Pour maintenir bien pleine l'enveloppe comprimée par l'atmosphère dont croît la pression, il faut lancer de l'air, encore de l'air, dans les ballonnets; chaque mètre cube de cet air aggrave l'alourdissement. Les avaries se déclenchent, se multiplient toujours dans les mauvaises passes; l'une ou l'autre vient gêner le pilote et accroître le péril.

C'est par exemple l'allumage qui se dérègle ou s'arréte : fil de connexions cassé, bougies pleines de crasse, pièces imperceptibles de la magnéto gonflées par la brume. Le moteur hésite, donne des ratés prémonitoires, et, après quelques hoquets, s'arrête. Il ne faut pas songer à maintenir rigide l'enveloppe : on ne peut plus y ventiler l'air. Avec angoisse, le pilote voit se dessiner, se creuser des plis sur l'étoffe. Chaque rafale l'enfonce comme d'un coup de poing.

Dépourvu de son armature immatérielle — la pression intérieure, — le nez s'écrase et rentre à l'intérieur du volume,

comme un doigt de gant retourné. Le toit
du ballon s'affaisse en forme de selle. Chacune de ces déformations fatigue les suspentes. Ici, pendent et battent des cordages qui ne portent plus rien; là, ceux
dont la charge se double ou se décuple
s'étirent comme des cordes à violons, et
les passagers attendent, dans une anxiété
silencieuse, leur rupture.

Elle survient, sèche, déchirante; un
nouvel équilibre s'établit entre les suspentes qui restent, équilibre tordu, préliminaire de prochains coups de fouet.
Lâché par le gaz, par l'air, par ses liens, le
ballon s'abandonne, se ploie au centre; de
loin, il ressemble à une tranche d'orange
dont d'invisibles doigts rapprocheraient
insensiblement les pointes. Tous les déchi-
rements deviennent possibles.

Les profanes, les terriens, admirent ces
variations de forme; loin de soupçonner
la tragédie, beaucoup supposent que les
soubresauts du ballon, les caprices de
l'enveloppe sont passes d'armes ou jeux

de pilote. Mais quelle terrible angoisse lorsque au port d'attache, prévenus par le dernier radiotélégramme de détresse avant l'étouffement du moteur, les officiers et matelots voient se traîner parmi les nuages bas, bistourné, livré à tous les hasards, le ballon qui descend, descend, sans qu'aucune puissance sache arrêter cette chute.

Pour peu que le gaz pétri, contracté, dilaté, se mélange à de l'air, le ballon va brûler, ou exploser. Une communication électrique s'établit entre les regardants et le pilote aux prises avec le surhumain. Des interjections basses traduisent l'idée commune :

« Il jette du lest pour passer le clocher! »

« Ses transmissions sont cassées; il va tomber dans les fils télégraphiques! »

« Le vent force; il va accrocher la cheminée d'usine. Pourvu qu'il ne flambe pas! »

« Pourvu que ses bombes ne se décrochent pas! »

Automobiles, camions du port d'attache s'emplissent d'équipes et partent à toute vitesse pour sauver ce qui se pourra. La direction du vent, l'attitude du ballon font prévoir le lieu probable de sa chute. L'on fonce à travers sillons et pâturages, au plus court, au plus vite. Pendant qu'au centre, le téléphoniste prévient toute la région d'envoyer à la rescousse voitures, chevaux, bras disponibles, les équipes de sauvetage, emportées dans les cahots de la campagne, ont les yeux rivés sur le ballon qui tombe, se ploie davantage et enfin devient invisible derrière un écran d'arbres ou un pli de terrain.

Des paysans tendent le bras : « Il est tombé là ! » On y court : un ruisselet, une haie touffue arrêtent. Il faut chercher le gué ou le passage. « Il est tombé derrière ce bois; dans la pâture de Legrand-Martin. » Quelques narquois déclarent : « Drôle d'idée d'avoir gâté ce champ. Ça va vous coûter chaud. Le père Legrand-Martin est près de ses pièces. » Une réponse peut-être rageuse rend coi le facétieux, et l'on poursuit.

Alors, au détour d'un bosquet paraît l'immense momie. Son avant s'appuie à dix mètres de hauteur sur les cimes de peupliers ployés ; son arrière couvre une masure de pasteur ; son corps bossué a fauché tout un champ de trèfle où l'on peut suivre les arrachements de la nacelle et de l'hélice aux derniers soubresauts.

La nacelle est chavirée, salie de terre et mélangée de verdure. L'équipage a ouvert toutes les soupapes ; l'envelope se dégonfle ; avec une respiration précipitée, les sauveteurs courent prêter la main, sans demander aucun détail aux rescapés encore pâles. Il s'agit de déshabiller l'immense appareil, de le conserver au service. Les mots sont inutiles. Une tempête de vent pourrait le détruire en quelques heures.

Les suspentes sont déliées, la nacelle redressée, les hélices démontées. Des hommes se hissent dans les arbres ou le long de l'avant. Ils s'ensevelissent, glissent sur l'étoffe sans résistance; leurs ongles se cassent dans les raccrochements, mais il faut atteindre la pointe où se réfugie le grand volume de gaz non libéré par les soupapes et y donner un coup de couteau là où il faut, comme il faut, pour que la poche dressée se vide et soit, plus tard, aisément réparable.

Enfin, toute l'enveloppe est aplatie sur le champ de trèfle. M. Legrand-Martin survenu, fort en colère, a déjà compris. Il devient officieux. Les valets de ferme, ses enfants, lui-même, et tous les paysans, à plusieurs kilomètres à la ronde, veulent prêter la main à un arrimage dont ils connaissent désormais le drame évité et l'urgence.

Il faut modérer leur enthousiasme, car, pour étaler sans plis la grande enveloppe, ils iraient avec vigueur, comme un bouvier tirant ses paires de bœufs. On leur explique; ils se rangent sur le périmètre, appelant à eux, plis par plis, l'étoffe glissante où il y a bien assez de dommages sans que des piétinements ou des doigts trop durs viennent encore la blesser.

Et puis, une fois bien allongée et aplanie, on ploie cette étoffe comme un grand drap — laize par laize; on la roule ensuite comme une crêpe; M. Legrand-Martin, qui l'avait vue couvrir toute sa pâture et grimper jusqu'en haut des arbres, est tout surpris qu'elle tienne dans une charrette et y occupe moins de place qu'un chargement de fumier.

Pendant qu'on la recouvre des bâches protectrices, et que les bœufs lents commencent à la tirer vers le port d'attache, les commentaires paysans vont grand train. Déjà, sur la prolonge du tracteur, la nacelle déshabillée est partie. Dans le camion, ont été chargées les pièces détachées : helices, instruments et cordages.

Entre le radiogramme de détresse et le dégagement définitif, moins de temps s'est écoulé qu'il ne m'en a fallu pour l'écrire. Éberlué, M. Legrand-Martin écoute, accepte les propositions d'indemnité; ses poignées de main s'attardent; il va pour quelques jours devenir le héros du district, et voudrait bien quelques détails pour corser des comptes rendus.

Mais on le remercie; on l'invite à venir voir le ballon quand le regonflement en sera fait, et l'on retourne bien vite au centre avec l'équipage qui, selon la règle maritime, est resté le dernier sur l'endroit du sinistre. Pendant le parcours, l'aventure est expliquée, détail par détail, minute par minute, et un rapport complet peut être adressé aux autorités lorsqu'on atteint le port d'attache.

Avant la nuit, tout a été ausculté : enveloppe, moteurs et nacelle. La durée des réparations est connue; la renaissance prochaine du ballon est fixée. Tout le centre s'y attelle. Au bout de quelques jours, lorsque sont atténuées les trop violentes impressions de l'accident, l'équipage, qui a cru mourir et s'en est tiré, s'abandonne aux confidences psychologiques. Il dit les émotions successives, le pourquoi de chaque manœuvre.

Nul n'ose contredire les déclarations de ceux qui ont vécu le drame. Elles font partie, désormais, de cette science commune, qui permettra, ce soir ou demain, d'affronter en connaissance de cause le péril subit.

Car je viens d'esquisser l'aventure favorable. D'autres se sont terminées par la destruction du ballon ou la mort de ses pilotes. Ceux-là n'auront jamais transmis leur expérience; mais lorsqu'on écoute ceux qui savent et survivent, il faut se taire et méditer.

Pendant la visite nocturne au hangar, les officiers se penchent sur le ballon malade et discutent, point par point, chacune des besognes nécessaires à sa convalescence rapide. Demain, les voiliers, cordiers, tailleurs, mécaniciens, travailleront suivant cette consultation chuchotée; telle couture sera reprise; l'ourlet de cette ralingue sera refait; une double couche d'enduit revêtira cette zone trop râpée.

Lampe électrique en main, l'on examine chacun des malaises à réparer. L'on définit le temps qu'il faudra pour que toute chose soit remise à l'état de neuf; l'on essaie, dans ces calculs, de gagner quelques jours, quelques heures, car toute période d'inactivité est perdue pour le vrai travail de patrouilles, le seul qui compte. La pluie continue à faire tambourin sur la charpente du hangar; des gouttes tombent sur les têtes penchées; mais ni pluie, ni vent, ni heure de nuit ne troublent l'entretien.

A moins que tout d'un coup, par un de ces caprices aériens de la Manche, un grand calme ne s'établisse en quelques minutes. Lorsque l'on quitte le hangar, la lune resplendissante a pris quelquefois l'empire du ciel tout à l'heure nuageux; chaque étoile, chaque coteau apparaissent et il n'y a plus d'écran d'averse ou de bruine. Quelque joie descend dans les cœurs : à l'aurore, l'on pourra sortir, travailler. De brefs adieux préludent aux quelques heures de sommeil, et, sous la protection des sentinelles, le port d'attache tout entier s'enfonce dans un universel repos.

Mais il est bien rare que l'aurore arrive sans que survienne un réveil subit. Frappant aux portes, le téléphoniste de service annonce quelque raid voisin, dont le trajet va passer au-dessus de nous. Ces avions vont ou reviennent. Quand il fait très calme, on entend leurs bourdonnements épars dans l'empyrée; ni les yeux ni les oreilles ne peuvent deviner où ils rôdent. Quelquefois des bombes éclatent tout près de nous, faisant trembler le sol de nos cabanes; nous sommes bon gibier, les photographes allemands ont dû maintes fois prendre les clichés de notre terrain, et ce serait triomphe d'anéantir les ballons qui gardent le Pas de Calais.

Demi-nus dans l'air glacial, nous scrutons ce ciel brouillé des aubes de Flandres. Il n'est ni blanc, ni noir, et l'on n'y distingue rien. Lorsqu'une bombe, à quelques dizaines, à quelques centaines de mètres, a posé sur le sol son point rouge et son déchirement, nos regards rebondissent de là jusqu'au firmament, le long de la trajectoire qu'elle a dû suivre. Mais ils ne rencontrent que lueurs mal réveillées, obscurité mal lavée, et, sachant que l'adversaire passe sur notre tête, ne savent pas le distinguer.

Des incendies s'allument aux environs, des fumées rougeâtres crèvent le noir-blanc de l'aurore. A notre tour, nous téléphonons, pour que soient prévenus les visités prochains. L'usine, la carrière atteintes demandent notre concours. L'automobile y va à toute allure; les camions suivent; officiers et matelots s'y empilent, le pantalon à peine boutonné, les souliers non lacés, n'importe quelle capote sur les épaules, nu-tête. Hier, c'était la course au sauvetage du ballon, ce matin, dans l'obscurité froide, c'est la course à l'incendie, aux blessés.

Dans le grand hall de l'usine où travaillait l'équipe de nuit, la bombe est tombée sur un tour, a tué ses deux ouvriers et blessé quinze hommes ou femmes. La grande toiture de verre s'est effondrée, crevant des yeux, sciant des artères... Dans l'excavation de la carrière où une grappe d'hommes disposaient le cordeau de dynamite pour l'arrachement des roches, l'autre bombe a tué dix-sept hommes au fond de leur trou. Mais ceux-là étaient prisonniers allemands. Si le matin n'était pas lugubre et la circonstance tellement tragique, l'on oserait presque plaisanter de cette erreur des Germains.

Pendant que s'éclaircit le ciel, les aérostiers transportent les blessés, recouvrent d'un linceul les morts méconnaissables. Il n'y a pas de durcissement ni d'habitude qui atténuent l'horreur de ces drames nocturnes. Une nouvelle traite de colère est tirée par nos aéronautes sur les sous-marins allemands. Pendant que les voitures reconduisent au centre les équipes qui vont prendre part à la prochaine sortie du ballon, toutes les conversations traduisent de la vengeance. Les fronts se rident. Les poings se serrent. Puisse le Dieu de la France vouloir qu'avant quelques heures un sous-marin paraisse dans l'orbite du dirigeable! Celui-là ne sera pas manqué.

PORTUGAL

Automne 1917-hiver 1918.

Aux deux extrémités méridionales de l'Europe, deux pays montrent un cousinage d'histoire passée et présente : la Grèce et le Portugal.

Celle-là s'enfonce au sein de la Méditerranée, sorte de jetée entre les mondes d'Afrique, d'Asie et le nôtre. Sa légende maritime est incomparable, ses titres littéraires dominent l'humanité actuelle; divorcée de l'Europe par le lourd massif balkanique, c'est par émanation, pour ainsi dire, qu'elle maintient par-dessus les hautes montagnes l'héritage de ses pensées.

Le Portugal contemple l'océan Atlantique, autre chemin de l'Europe vers les grands continents que ses navigateurs du moyen âge aidèrent à découvrir. Cette épopée de réussites et de hasards n'est point inférieure à celle des Grecs. Les colonnes d'Hercule y sont remplacées par l'Inde et la Chine; le Pont-Euxin par Madère et le Brésil; Alcibiade et Thémistocle y prennent le nom de Magellan et d'Albuquerque; les satrapes de Perse, les tyrans méditerranéens s'y retrouvent en maharadjas du Bengale, en mandarins des mers jaunes et en caciques de l'Amazone.

Un écrivain de génie, Camoëns, a réuni dans la seule épopée des ondes qu'ait écrite notre âge, de plus merveilleuses odyssées que celle d'Homère. Par la même œuvre, une langue riche et flexible, pur dérivé du trésor latin et grec, a pris sa place dans la famille des grands idiomes.

Plus comparable encore, le Portugal est séparé de l'Europe par le bloc solide des

Castilles et de l'Aragon, par ces Pyrénées que la parole royale de Louis XIV n'a pas détruites. Colonie perdue de la latinité, étouffé entre la mer infinie et le patrimoine espagnol des Maures et de Charles-Quint, il a réussi à créer, à travers l'histoire la plus tourmentée, une race personnelle. L'homme du Douro, du Tage n'est point celui de l'Andalousie, des Sierras ou de la Galice. Son visage est différent, son dialecte ne souffre pas le mélange, sa pensée, nourrie et cultivée par les grands principes de France, ne tolère aucune soumission.

Émanation de ce peuple libre, le marquis de Pombal, au dix-huitième siècle, dans un âge où les philosophes bégayaient à peine les évangiles futurs de l'humanité et où les hommes d'État des monarchies bâillonnaient leurs auteurs sous le verrou des bastilles, ce marquis, soutenu par le vigneron de Porto et le marin de Lagos, osa réaliser, dans la terre inconnue des réformes, ce qu'Almeida et Magellan avaient fait sur l'univers encore inconnu. Il découvrit les escales futures de la politique des hommes ; là où les autres nations perdirent tant d'années et versèrent tant de sang inutile, le Portugal, sans convulsion, avait accepté déjà de montrer le chemin.

Est-il surprenant que deux siècles plus tard, lorsque le monde s'est partagé en deux camps, celui de la géhenne allemande et celui de la libre existence, de pareilles traditions aient lancé le Portugal dans les armées de la seconde ? Il n'a même point consenti à la neutralité des calculateurs. Il a nourri le rouge torrent qui coule au front de France. Rien ne l'y contraignait.

Aucun danger ne le menace, soit dans sa terre, soit sur ses côtes. Au poids de l'or, il pouvait faire commerce. Nul bénéfice de frontière ne récompensera son effort. Ses soldats vont défendre une tranchée qui n'est point leur, mais qui appartient au droit des nations. En Afrique ou

en Asie, il ne demande rien aux Alliés ou
aux ennemis. Après la grande tourmente,
son commerce et son industrie, saignés à
l'égal de tous autres, souffriront.

Que de raisons pour s'abstenir! Que de
grandeur dans la décision! La formidable
propagande germanique s'est efforcée de
décevoir la claire conscience portugaise.
Tous les bénéfices de l'immobilité, chaque
oreille, entre Algarve et Minho, les a
entendu démontrer par le patelinage et la
menace.

D'autres peuples ont écouté, ont ouvert
la main aux trente deniers de Judas. Mais
les antiques cités dont les murs avaient
enclos l'âme portugaise, Braga, Mafra,
Evora ou Faro, les futaies du Douro et les
vergers d'Estramadure, les ports légen-
daires d'où partirent les caravelles sans
peur, Porto, Lisbonne, Aveiro, Sagres,
firent surgir des soldats à la réponse
claire. Ce peuple préférait des blessures
à la honte.

Son armée ne connaissait pas les effectifs que la menace allemande impose à l'Europe depuis un demi-siècle. Qui eût pensé que les remous de la conscription atteindraient le cap Saint-Vincent? Semblable à la Convention, à la France d'après Sedan, le génie du Portugal frappa du pied sa terre douce et féconde et en fit sortir les brigades, les divisions qui emplissent un des créneaux de notre muraille humaine et ne sont inégales à aucune de leurs voisines.

Anémiée dans sa production, sentant la faim rôder sur ses guérets en friche et ses champs déserts, la France appela des bras pour la charrue et la faux. Dans les vignobles du Douro, les clairières de Viseu et les orangeries d'Alemtejo, le grand appel de la terre de France fut discuté entre faucilles, haches, et paniers. C'était un bien long voyage. C'était l'exil. Le conseil du devoir triompha du déracinement. Chaque jour arrache du Portugal un train de paysans, et ils vont, fidèles et robustes, féconder les glèbes de Gascogne, de Poitou ou de Normandie.

Soldats ou cultivateurs, leur sacrifice est simple et sans discussion. Entre toutes les races qu'on peut connaître, la portugaise est douce, aimable, sincère. Si elle parlait notre langue, un Français se croirait tout aussi bien dans quelque province de France. Nos vertus et nos qualités s'accommodent ici. Le soleil en adoucit quelques-unes, en exalte d'autres.

D'ailleurs, il est à peine exact de dire que le Français ne se sent point en famille à cause des langages différents. Où que les hasards le conduisent, forêt ou station perdue, petit port ou bourgade de montagne, un groupe se forme qui parle français et, avec des sourires de plaisir, lui sert de cicerone. La surprise en est joyeuse. Elle s'accroît de la certitude, chaque jour grandissante, que ce n'est point seulement la bouche, mais aussi bien le cœur et le cerveau, qui parlent français.

Au sortir d'une école, le voyageur ouvre cahiers et livres des enfants qui les lui montrent gentiment. Ce sont les traductions des manuels français que nous-mêmes avons feuilletés sur les bancs du collège. Très souvent ce sont ces livres eux-mêmes. Les jeunes esprits de ce pays modèlent leurs pensées sur les textes limpides, les raisonnements souples, qui nourrirent notre adolescence et entretiennent notre maturité.

Votre voisine de tramway, votre vis-à-vis de wagon feuillette le roman à couverture jaune ou le livre technique publié à Paris. Au cercle, dans les causeries d'hôtel après dîner, et chaque fois que la conversation s'élève des affaires communes jusqu'à la généralité des principes, l'interlocuteur évoque la thèse française et s'appuie sur elle.

Qu'il s'agisse de guerre, d'art, d'histoire ou de science, qu'il s'agisse de n'importe quel thème où des esprits déliés, amoureux de lucidité, s'efforcent de définir le meilleur train de raison, il faut être ferré sur le savoir de France. Les Portugais instruits — et tous ceux que l'on peut rencontrer le sont — connaissent avec subtilité, avec exactitude, toute cette gloire de notre pensée pour laquelle nous combattons avec eux. Ils sont plus exigeants que nous, réclament que le voyageur, devenu leur pédagogue, élucide les points de doctrine incertains.

Chacun d'eux est un pupille attentif, qui ne demande qu'à comprendre, pour propager à son tour la bonne parole opposée aux nébulosités germaniques... Aimons ce frère ibérique. Attirons-le dans nos bras, puisqu'il nous tend les siens au-dessus de tous les obstacles. Dans la grande péninsule, où tant de réticences s'opposent à la communion des nations latines, le Portugal est notre pionnier, notre ambassadeur, notre frère.

Et puisque j'arrête ici la narration de mes vagabondages de guerre, je dirai bien que le Portugal n'est pas seul à nous attendre. Pourquoi la France fait-elle tant la coquette? Dans le chef-d'œuvre de Molière, Alceste, rebuté par les caprices de Célimène, abandonne l'objet de son amour pour s'en aller vivre avec les loups. Les loups d'aujourd'hui, nous les connaissons.

Aveiro (Portugal), mars 1918.

FIN

TABLE DES MATIÈRES

PARIS

TYPOGRAPHIE PLON-NOURRIT ET Cie

8, RUE GARANCIÈRE

A LA MÊME LIBRAIRIE

COLLECTION DE LA GRANDE GUERRE

Le Chevalier de l'air. Vie héroïque de Guynemer, par Henry BORDEAUX. Prix .... 3 fr. 50

La Chanson de Vaux-Douaumont, par H. BORDEAUX : I. Les Derniers Jours du fort de Vaux. II. Les Captifs délivrés (Douaumont-Vaux). Chaque volume..... 3 fr. 50

L'Escadrille des Éperviers, par Ch. DELACOMMUNE......... 3 fr. 50

Totoche. *Journal d'un chien à bord d'un tank*, par Ch.-M. CHENU. 2 fr.

D'Alsace à la Cerna, par Jean SAISSON..... 3 fr. 50

Ma Pièce. *Avec une batterie de 75.* Souvenirs d'un canonnier, par Paul LINTIER. (*Ac.*)..... 3 fr. 50

Le Tube 1233. Souvenirs d'un chef de pièce (1915-1916), par Paul LINTIER..... 3 fr. 50

Lettres d'un officier de chasseurs alpins, par le cap. F. BELMONT. Préf. d'H. BORDEAUX. (*Ac.*). 3 fr. 50

Crapouillots. *Feuillets d'un carnet de guerre*, par Paul DUVAL-ARNOULD..... 3 fr. 50

Aux mains de l'Allemagne. *Journal d'un grand blessé*, par Ch. HENNEBOIS. (*Ac.*)..... 3 fr. 50

Étapes et Combats. *Souvenirs d'un cavalier devenu fantassin*, par Christian MALLET..... 3 fr. 50

D'Oran à Arras. *Impressions de guerre d'un officier d'Afrique*, par Henry D'ESTRE..... 3 fr. 50

En campagne. *Impressions d'un officier de légère*, par Marcel DUPONT..... 3 fr. 50

L'Attente, par M. DUPONT. 3 fr. 50

***. Un Soldat de France. Préface de M. Émile BOUTROUX..... 3 fr.

Impressions de guerre de prêtres soldats, recueillies par Léonce DE GRANDMAISON. 1re série et 2e série. Chaque volume....... 3 fr. 50

Carnet de route, par Jacques ROUJON..... 3 fr. 50

La Belgique héroïque et vaillante. *Récits de combattants*, recueillis par le baron C. BUFFIN..... 3 fr. 50

Ce qu'a vu un officier de chasseurs à pied, par H. LIBERMANN. 3 fr. 50

Les Vagabonds de la gloire, par René MILAN. 1re série. *Campagne d'un croiseur.* (*Ac.*). 2e série. *Trois aspects.* 3e série. *Matelots aériens.* Chaque volume..... 3 fr. 50

A tire d'ailes, par R. DE LA FRÉGEOLIÈRE. (*Ac.*)..... 3 fr. 50

Quand on se bat. *Les Spécialistes de la victoire*, par François DE TESSAN. (*Ac.*)..... 3 fr. 50

Le Sacrifice (1914-1916), par Henri MASSIS. (*Ac.*)..... 3 fr. 50

Les Campagnes ardentes. *Impressions de guerre*, par LÉVIS-MIREPOIX. (*Ac.*)..... 3 fr. 50

Mon Régiment dans la fournaise de Verdun et dans la bataille de la Somme, par Paul DUBRULLE. Préface d'H. BORDEAUX..... 3 fr. 50

Mon Journal de campagne. *De Liège à l'Yser*, par Robert DE WILDE. Prix..... 3 fr. 50

En plein ciel. *Impressions d'aviateur*, par Francy LACROIX..... 3 fr. 50

Tenir. *Récits de la vie de tranchées*, par Max BUTEAU..... 3 fr. 50

PARIS. — TYP. PLON-NOURRIT ET Cie, 8, RUE GARANCIÈRE. — 23330.

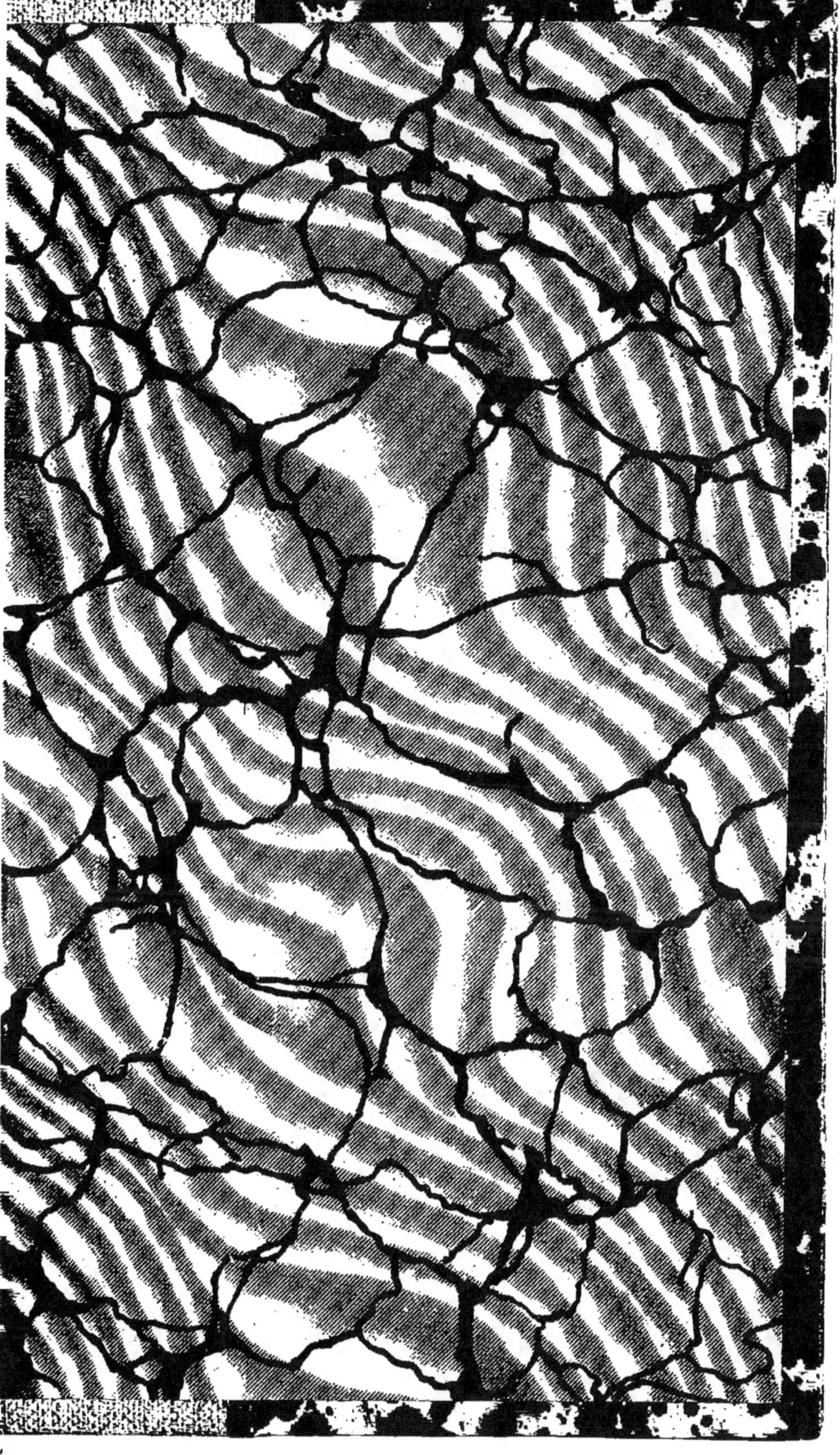

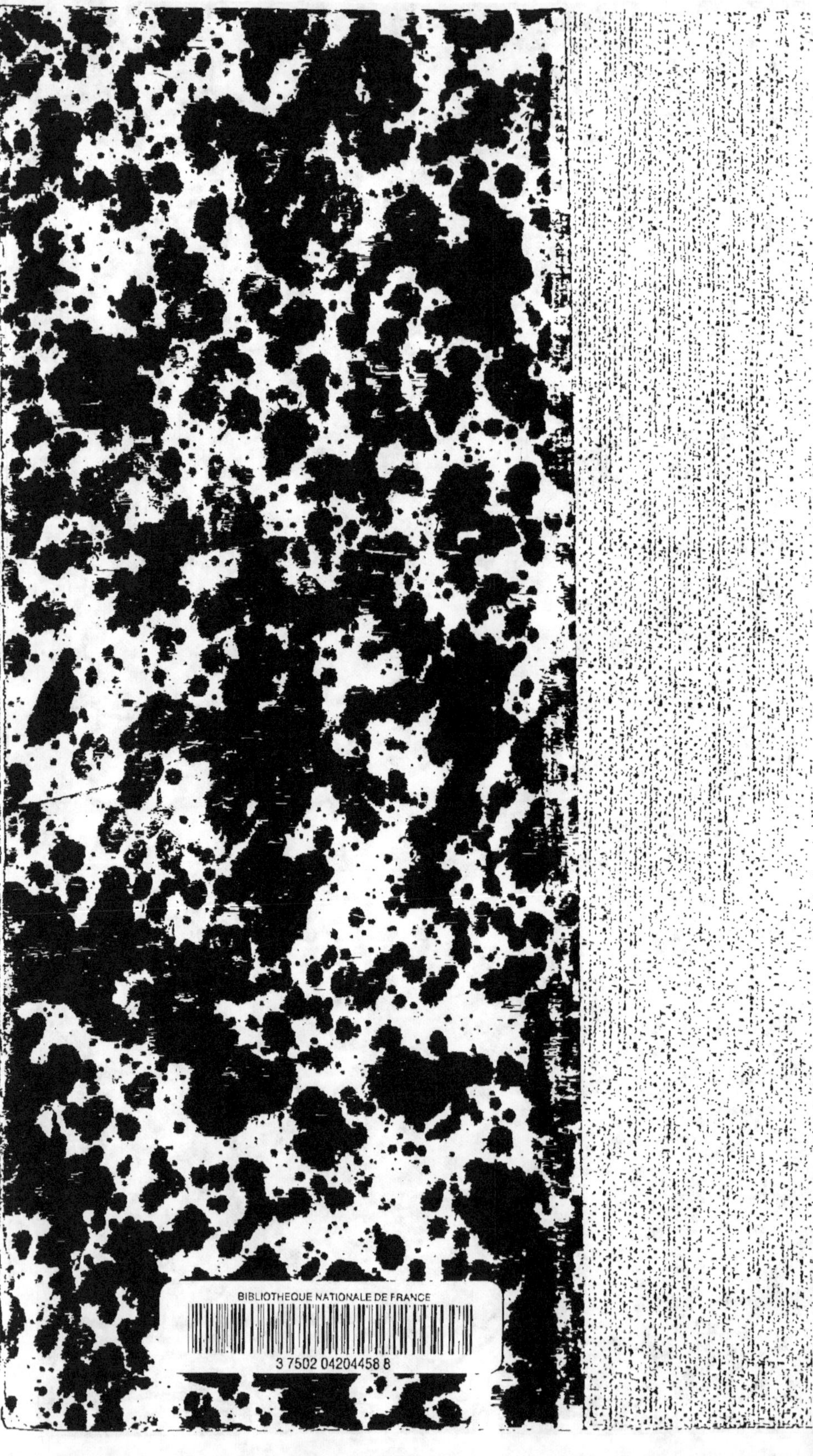

www.ingramcontent.com/pod-product-compliance
Lightning Source LLC
LaVergne TN
LVHW021940030726
842523LV00001B/219